PFALZ
NORD

Wolfgang Benz

KOMPASS Wanderführer

Wolfgang Benz

Geboren 1936 in Stuttgart, hat als Lehrer und Rektor einer Grundschule immer Entspannung und Ausgleich im Wandern, Bergsteigen und Laufen gefunden.
Die KOMPASS-Wanderführer 1082 »Pfalz-Süd«, sowie 1071 »Schwarzwald-Nord«, 1070 »Schwarzwald-Mitte« und 1072 »Schwarzwald-Süd« wurden ebenfalls von ihm verfasst.

1. Auflage 2007 · ISBN 978-3-85491-448-8 Verlagsnummer 1081

Text und Fotografie: Wolfgang Benz Lektorat: Karin Straßer
Bildnachweis: Seite 3, 55, 120, 122, 124, 125 (oben) Tourist-Information Bad Dürkheim, S. 47 (oben/unten) Freinsheim, S. 48, 49 Kurpfalz-Park Wachenheim, S. 64, 65, 67, 69 Donnersberg-Touristik Kirchheimbolanden, S. 108, 109, 110, 111, 113 Tourist-Information Wallhalben, S. 29 (oben/unten), 93 Heinz R. Wittner; alle übrigen Fotos vom Autor.
Titelbild: Wachtenburg bei Wachenheim
Bild Innentitel Seite 1: Herbst an der Weinstraße
Bild Seite 3: Flaggenturm (Tourist-Information Bad Dürkheim)

Grafische Herstellung: wt-BuchTeam
Wanderkartenausschnitte: © KOMPASS-Karten GmbH
Höhenprofile: wt-BuchTeam

Alle Angaben und Routenbeschreibungen wurden nach bestem Wissen gemäß unserer derzeitigen Informationslage gemacht. Die Wanderungen wurden sehr sorgfältig ausgewählt und beschrieben, Schwierigkeiten werden im Text kurz angegeben. Es können jedoch Änderungen an Wegen und im aktuellen Naturzustand eintreten. Wanderer und alle Kartenbenützer müssen darauf achten, dass aufgrund ständiger Veränderungen die Wegzustände bezüglich Begehbarkeit sich nicht mit den Angaben in der Karte decken müssen. Bei der großen Fülle des bearbeiteten Materials sind daher vereinzelte Fehler und Unstimmigkeiten nicht vermeidbar. Die Verwendung dieses Führers erfolgt ausschließlich auf eigenes Risiko und auf eigene Gefahr, somit eigenverantwortlich. Eine Haftung für etwaige Unfälle oder Schäden jeder Art wird daher nicht übernommen. Für Berichtigungen und Verbesserungsvorschläge ist die Redaktion stets dankbar.
Korrekturhinweise bitte an folgende Anschrift:

Walter Theil, Irmengardstraße 9, 84518 Garching/Alz (Deutschland)
Telefon 0049-(0)8634/68 98 03 · Fax 0049-(0)8634/68 98 04
E-mail: info@wt-buchteam.de · www.wt-buchteam.de
oder an
KOMPASS-Karten GmbH, Kaplanstraße 2, 6063 Rum/Innsbruck (Österreich)
Telefon 0043-(0)512/26 55 61-0 · Fax 0043-(0)512/26 55 61-8
E-mail: kompass@kompass.at · www.kompass.at

Vorwort

Burgen und schroffe Felsenkanzeln, das Rebland entlang der Haardt und die fast endlosen Wälder machen das im Wanderführer Pfalz-Nord beschriebene Gebiet zur idealen Wanderlandschaft, die immer mehr Freunde findet. Das fast 12 000 Kilometer lange Wegenetz, vom Pfälzerwald-Verein vorbildlich betreut, ist zuverlässig markiert und bietet zahllose Möglichkeiten, eine Wanderung abzukürzen oder zu verlängern. Eine Rast in einer der vielen Wanderhütten ist zu jeder Jahreszeit ein gemütliches Vergnügen. Allerdings sind die meisten der ehrenamtlich geführten Einkehrstätten nur an Wochenenden oder auch nur sonntags geöffnet. Es wird deshalb empfohlen, vor Antritt einer Tour Auskunft darüber einzuholen (Hinweise dazu siehe Seite 18). Der Wanderführer Pfalz-Nord schließt sich an den Band Pfalz-Süd an und beschreibt 50 Touren nördlich des Queichtales und entlang der Weinstraße zwischen Sankt Martin und Grünstadt. Einige Vorschläge im Bereich der Sickinger Höhe und des Donnersbergs im Norden runden die große Auswahl ab. Neben ausgedehnten Tagestouren wird auch eine Anzahl familienfreundlicher Ausflugsziele beschrieben. Alle empfohlenen Wege wurden vor Ort erwandert. Verlag und Verfasser bedanken sich für alle Hinweise auf Veränderungen oder notwendige Ergänzungen. Erkunden Sie mit Hilfe der Wanderführer Pfalz-Nord und Pfalz-Süd das herrliche Wanderland der Pfalz und genießen Sie auch die kleinen Wunder am Wege, deren Entdeckung dem Wanderer vorbehalten bleiben.

Wolfgang Benz

INHALT

Streckenwanderungen

Die Kalmit, höchste Erhebung des Pfälzerwaldes.

Das Gebiet

»Es sind sichere Anzeichen vorhanden, dass die Pfalz in nächster Zeit eines der besuchtesten Länder Deutschlands sein wird, wie sich denn auch die Touristen, seitdem sich die reizend gelegenen Bäder an der Haardt bekannter gemacht, bereits schon sehr gemehrt haben«. Dieses Zitat ist 150 Jahre alt und wurde dem auch heute noch lesenswerten Standardwerk von August Becker »Die Pfalz und die Pfälzer« entnommen. Wenn auch viel später und nach unsäglichen Kriegs- und Hungerzeiten hat sich die weise Voraussicht erfüllt. Immer mehr Wanderfreunde, Naturliebhaber und Weinkenner entdecken die Pfalz als ein ideales Wanderland der Kontraste zwischen Felsen und schmucken Weindörfern, Burgenromantik, lebensfrohen Menschen und fast unendlichen Wäldern. Der Wanderführer »Pfalz-Nord« beschreibt Wanderungen westlich der Weinstraße zwischen Sankt Martin und Grünstadt im Norden und nördlich des Queichtales, also der Achse Annweiler-Pirmasens. Einige Touren führen durch das Gebiet des Donnersberges, und der Mühlenweg durch das Wallhalbtal der Sickinger Höhe bildet den westlichsten Ausgangspunkt.

Die Deutsche Weinstraße

Sie ist rund 90 Kilometer lang, führt vom Weintor in Schweigen-Rechtenbach im Süden bis Bockenheim im Norden, wurde 1935 eingerichtet und zieht durch das pfälzische Weinbaugebiet, das sich in einer Breite von bis zu 10 Kilometern erstreckt. Aber das alles sind nur dürre Fakten! Das Flair des Südens in Deutschlands sonnigstem Bereich, die Mandelblüte im zeitigen Frühjahr, das herbstliche Prasseln der Esskastanien, die hier »Keschde« heißen, die unzähligen Weinfeste und das pfälzische Lebensgefühl zwischen harter Arbeit und fröhlichem Feiern muss man erleben. Wie an einer Perlenkette reihen sich die malerischen Winzerdörfer mit ihren jedem Weinfreund wohlklingenden Namen entlang der Weinstraße. Von den Aussichtswarten der vielen Burgen über dem Haardtrand genießt man einen herrlichen Blick über die Rheinebene zum Odenwald, zum Schwarzwald und zu den Nordvogesen. Und am letzten Sonntag im August verwandelt sich die Weinstraße alljährlich in eine einzige Fußgänger- und Radfahrerzone mit unzähligen Einkehrstätten in den Winzerhöfen. Schließlich muss der Wein einer 23 000 Hektar großen Anbaufläche auch unter die Leute gebracht werden.

Der Pfälzerwald

Das herrliche Wanderland des Pfälzerwaldes ist das größte zusammenhängende Waldrevier Deutschlands. Lag das im Süden an Frankreich angrenzende Gebiet auch lange im Schatten der großen Touristikziele, so ist es heute als riesige Oase geradezu prädestiniert, der Hast und dem Lärm unserer Zeit als erholsame Urlaubsregion entgegen zu wirken. Der Pfälzerwald wurde im Jahre 1958 zum Naturpark erklärt und gilt seit 1992 als grenzüberschreitendes Biosphärenreservat

Michelberg, Wald und Wein.

Am Rodalbener Felsenweg.

der UNESCO. Der Begriff Reservat könnte allerdings zu der irrigen Annahme führen, dass hier der Mensch ausgesperrt, die Natur sich selbst überlassen bleibt. Dies trifft zwar für kleine Kernzonen zu, in denen sich der »Urwald von morgen« entwickeln kann, es geht aber vielmehr darum, ein vernünftiges Miteinander von Mensch und Natur zu entwickeln. Das beste Anschauungsobjekt für dieses Ziel ist das Biosphärenhaus in Fischbach bei Dahn, das im Band »Pfalz-Süd« vorgestellt wird. Man trifft im Pfälzerwald noch häufig jene schmalen Wanderpfade an, die noch nicht der leidigen »Verstraßung« zum Opfer gefallen sind, wie sie in manchen anderen Wandergebieten zu beklagen ist. Hier bieten sich noch zahllose Möglichkeiten zu stundenlangen, einsamen Wanderungen. An anderer Stelle wird auch auf die vielfältigen Einkehrmöglichkeiten in den Wanderhütten des Pfälzerwald-Vereins hingewiesen, die in dieser Art und Vielfalt einmalig sind.

Der Donnersberg

Der geschichtsträchtige, mit 687 Metern auch der höchste Bergstock der Pfalz liegt weit im Norden und war schon zur Keltenzeit Siedlungs- und Bergbauregion. Der Keltenweg und auch zwei Besucherbergwerke erinnern an die lange Tradition.

Als freistehender Gebirgsstock ist der Donnersberg vom Pfälzerwald abgetrennt. Der Pfälzerwald-Verein betreut aber auch hier in gewohnt vorbildlicher Weise die Wanderwege, die zu genussvollen und aussichtsreichen Rundtouren einladen.

Ausflugs- und Wanderziele ohne lange Wanderstrecke

Eine Aufzählung aller lohnenden Ziele im Pfälzerwald und an der Weinstraße würde ein Buch füllen. Allein der »Freizeitatlas Pfalz« nennt weit mehr als 200 Museen, Burgen, Schlösser, Weinfeste und kulturelle Ereignisse, die einen Besuch lohnen. Der Freizeitatlas ist bei allen Verkehrsämtern und Tourist-Informationen erhältlich.

Trotzdem soll der Versuch gewagt werden, 30 Ziele kurz vorzustellen und zu empfehlen. Sie sind alle leicht zu erreichen und somit auch für Pfalzbesucher geeignet, die sich keine längeren Wanderstrecken zumuten können. So lassen sich ohne große körperliche Anstrengung zahlreiche schöne Punkte der Pfalz entdecken. Viele der genannten Ziele werden von den Wanderungen der Pfalzführer »Süd« oder »Nord« erreicht, eine Fußnote weist jeweils darauf hin. Die Auswahl erhebt natürlich nicht den Anspruch der Vollzähligkeit, bietet aber die gute Gelegenheit, einen Ausflug an die Weinstraße oder in den Pfälzerwald mit dem Besuch schöner Aussichtspunkte, gemütlicher Wanderhütten des Pfälzerwald-Vereins oder interessanter und familienfreundlicher Ziele zu verbinden.

Das Biosphärenhaus in Fischbach bei Dahn

Längst hat sich das Biosphärenhaus zu einem »Renner« unter den Ausflugszielen entwickelt. Die interessante Ausstellung lädt ein zum Experimentieren und Beo-

Wanderheim Totenkopfhütte.

Ein Ritterstein am Wanderweg.

Die Rittersteine im Pfälzerwald

Wer durch den Pfälzerwald wandert, wird ihnen immer wieder irgendwo begegnen, den Rittersteinen. Meist sind es massige Sandsteinfindlinge, die am Wegesrand, oft aber auch versteckt und abseits der markierten Wege zu finden sind. Mit dem Rittertum des Mittelalters haben diese »Zeugnisse einer steinernen Geschichtsschreibung« allerdings nichts zu tun. Der Name geht auf den 1. Vorsitzenden des Pfälzerwald-Vereins der Gründungsjahre zurück, nach dem die mehr als 200 Erinnerungsstellen benannt sind. Sie wurden in den Jahren 1910 bis 1914 errichtet, bis der Erste Weltkrieg einer weiteren Fortschreibung der Geschichte ein Ende setzte. Die Aufschriften auf den Steinen sind knapp, beschränken sich meist auf das Zeichen PWV (Pfälzerwald-Verein) und ein Stichwort. Aber es lohnt sich immer, mehr darüber zu erfahren. Das unten genannte Buch von Walter Eitelmann ist eine wahre Fundgrube für alle Wanderer, die sich für Geschichte, Sagen und Begebenheiten interessieren. Da wird unter dem Stichwort der einzelnen Rittersteine über Wald- und Weiderecht und alte Waldberufe berichtet. Ehemalige, längst abgegangene Hofstellen und Siedlungsplätze werden lokalisiert, Hügelgräber, Menhire und Steinsäulen erzählen aus vergangenen Zeiten. Man erfährt von kriegerischen Auseinandersetzungen, Grenzhändeln, aber auch von Not, Elend und Armut der früheren Bewohner. In Landkarten und alten Beschreibungen tauchen oft kuriose und auch deftige Namen auf, die man nicht zu deuten weiß. Streckarsch und Speckhenrich, Suppenschüssel und Lellebebbel-Pädel, Treffnix, Kehrdichnichtum und der Bumberhannes geben Rätsel auf. Alle Lösungen und noch viel mehr bietet das erwähnte Buch, das im Jahre 2005 neu aufgelegt im handlichen Taschenformat erschienen ist. Ein Wanderführer mit 50 Vorschlägen kann auf diese Dinge aus Platzgründen höchstens in knappen Stichworten eingehen. Wer aber sein Wissen über Geschichte, Land und Leute erweitern will, dem sei das Büchlein besonders empfohlen. Walter Eitelmann: Rittersteine im Pfälzerwald, Eigenverlag Pfälzerwald-Verein e.V., Ortsgruppe Neustadt an der Weinstraße.

bachten; der Baumwipfelpfad kann für Nervenkitzel sorgen, und die Lehrpfade geben einen Einblick in viele Bereiche der Natur. Beschreibung siehe Tour Nr. 37 in »Pfalz-Süd«.

Der erste deutsche Weinlehrpfad am Deutschen Weintor
Eine amüsante, lehr- und aussichtsreiche Spazierstrecke durch die Weinberge, direkt an der deutsch-französischen Grenze. Die Gehzeit beträgt eine bis zwei Stunden, je nach Verweildauer an den Informationstafeln oder am Probierstand, der an Wochenenden geöffnet sein kann. Beschreibung siehe Tour Nr. 24 in »Pfalz-Süd«.

Besucherbergwerk Erzgrube bei Nothweiler
Einen interessanten Ausflug in die Erdgeschichte bietet der St. Anna-Stollen bei Nothweiler. Unter fachkundiger Führung werden die unendlichen Mühen des Bergbaus in vergangenen Zeiten veranschaulicht. Der 420 Meter lange Stollen gilt als Kulturdenkmal der Pfalz. Öffnungszeiten: April bis Oktober täglich außer montags von 10 bis 18 Uhr. Die Zufahrt zum Parkplatz ist im weiten Umkreis beschildert. Fußweg etwa 15 Minuten, Dauer der Führung etwa 30 Minuten. Beschreibung siehe Tour 25 in »Pfalz-Süd«.

Burg Berwartstein bei Erlenbach
Der Berwartstein ist die einzige von ehemals rund 500 Burganlagen der Pfalz, die wieder aufgebaut wurde und ständig bewohnt ist. Sie thront hoch über dem Tal auf einer schmalen Felsenbarre.

Herbststimmung am Weiher bei Ramsen.

Die Burggaststätte lädt zur Einkehr, Burgführungen geben einen interessanten Einblick in das Leben auf einer mittelalterlichen Festung. Es sind nur wenige Gehminuten vom Parkplatz aus, die Zufahrt ab Erlenbach ist beschildert. Die Burg Berwartstein ist eingebunden in Tour Nr. 29 in »Pfalz-Süd«.

Burgruine Drachenfels im Dahner Felsenland

Das kühne Felsennest gilt als besonders interessantes Beispiel der mittelalterlichen Burgenbaukunst. Durch umfangreiche Sanierungsmaßnahmen wurde die Ruine gesichert. Direkt am Fuße der Burg bietet die Drachenfelshütte des Pfälzerwald-Vereins gastliche Einkehr. Der Anstieg zur Ruine überwindet etwa 80 Höhenmeter und ist in 15 Minuten leicht zu schaffen. Die Zufahrt ab der B 427 zwischen Erlenbach und Busenberg ist beschildert. Der Drachenfels ist eingebunden in die Touren Nr. 30 und 34 in »Pfalz-Süd«.

Die Dahner Burgen

Die »Dahner Schlösser« liegen 1,5 km östlich von Dahn und gelten als besonders lohnendes Ausflugsziel. Das Dreigestirn Altdahn, Grafendahn und Tanstein muss man gesehen haben! Ein sehenswertes Burgmuseum vertieft den Eindruck, ein Kiosk bietet Erfrischungen an. Der Anstieg vom Parkplatz ist in 15 Min. leicht bewältigt, für die Besichtigung sollte wenigstens 1 Std. eingeplant werden. Die Zufahrt zum Parkplatz ist ab Dahn beschildert. Die Dahner Burgen sind eingebunden in Tour Nr. 32 in »Pfalz-Süd«.

Der Teufelstisch bei Hinterweidenthal

Der Teufelstisch ist sicher das auffälligste und am meisten fotografierte Felsengebilde der Pfalz. Der Aufstieg dauert ca. 15 Minuten. Auf zwei hohen Felsbeinen liegt die auf 300 Tonnen geschätzte »Tischplatte« und trotzt seit Jahrtausenden den Gesetzen der Statik. Direkt unterhalb befinden sich mehrere Einkehrstätten. Der Teufelstisch ist eingebunden in Vorschlag Nr. 36 in »Pfalz-Süd«.

Der Wildpark Südliche Weinstraße bei Silz

Ein familienfreundliches Ausflugsziel zu jeder Jahreszeit! Beschreibung siehe Tour Nr. 20 in »Pfalz-Süd«.

Burg Landeck bei Klingenmünster

Auch die Landeck ist ein klassischer mittelalterlicher Burgenbau. Der Bergfried gilt als der am besten erhaltene Burgenturm der ganzen Pfalz. Er beherbergt ein kleines Burgmuseum und ist als Aussichtswarte zugänglich.
Eine Burggaststätte lädt ein, die schmale Zufahrt ist ab B48 bei Klingenmünster beschildert. Der Parkplatz befindet sich direkt vor der Burg. Burg Landeck ist eingebunden in die Touren Nr. 5 und 6 in »Pfalz-Süd«.

Klosterruine Limburg, bei Bad Dürkheim.

Burg Madenburg bei Eschbach
Die Madenburg ist eine der größten Burganlagen der Pfalz, und an wenigen anderen Punkten bietet sich eine so vielseitige Rundumsicht. Ein klarer Herbsttag auf der Madenburg ist ein unvergessliches Erlebnis! Vom Parkplatz aus ist die Burg in 20 Minuten zu erreichen, eine Burgschänke erwartet den Gast. Die Zufahrt zum Parkplatz ist ab Klingenmünster beschildert. Die Madenburg wird in den Touren 6 und 9 in »Pfalz-Süd« angewandert und ist täglich außer montags geöffnet.

Der Slevogthof bei Leinsweiler
Der Slevogthof trägt den Namen des berühmten Impressionisten Max Slevogt, der hier einen großen Teil seiner Bilder schuf. Einige der Privaträume können bei Führungen besichtigt werden. Parkgelegenheit direkt beim Gebäude, ein Restaurant ist angegliedert. Die Zufahrt erfolgt direkt ab Ortsmitte Leinsweiler. Der Slevogthof wird von den Touren Nr. 6 und 9 in »Pfalz-Süd« berührt.

Der Trifels bei Annweiler
Das vielleicht bekannteste Wahrzeichen des Pfälzerwaldes ist über die Trifelsstraße ab Annweiler zu erreichen. Vom Parkplatz sind es wenige Minuten bis zur Burg. An den Parkplätzen entlang der Trifelsstraße bieten sich auch kürzere und gut bezeichnete Rundwege an. Tour Nr. 8 in »Pfalz-Süd« führt zum Trifels.

Das Reptilium in Landau
Der Terrarien- und Wüstenzoo ist täglich geöffnet und gilt als größte Anlage dieser Art in Deutschland. In großen, naturgetreuen Land-

Burgruine Spangenberg über dem Elmsteiner Tal.

schaftsterrarien leben etwa 900 Tiere in mehr als 100 Arten aus vier Erdteilen. Schaufütterungen unter Mitwirkung der Besucher und Tiervorführungen ergänzen das Programm. Die 2500 m² große Ausstellungsfläche ist völlig überdacht und dadurch auch bei schlechtem Wetter ein lohnendes und interessantes Ziel.
Werner-Heisenberg-Straße 1 (Neue Messe).

Der Landauer Zoo

Der Landauer Zoo ist ein familienfreundliches und beliebtes Ausflugsziel, das ganzjährig und täglich geöffnet ist. Mehr als 100 vorwiegend exotische Tierarten bewohnen die artgerecht gestalteten Gehege in der weiträumigen Anlage. Natürlich gibt es auch einen Streichelzoo und einen schönen Kinderspielplatz. Die Zufahrt ist innerstädtisch beschildert.

Die Rietburg bei Edenkoben

Ganz bequem schwebt man mit der Sesselbahn hinauf zur »Aussichtsterrasse der Deutschen Weinstraße«, um die herrliche Aussicht, ein gutes Vesper oder ein Glas Wein zu genießen. Bei guter Sicht sind die Dome von Worms, Speyer und Straßburg zu entdecken. Ein herrlicher Ausflug und Auslug! Die Talstation liegt dicht beim Schloss Ludwigshöhe, die Zufahrt ist beschildert. Die Rietburg wird von den Touren 1 und 2 in »Pfalz-Süd« berührt.

Schloss Ludwigshöhe

König Ludwig I. von Bayern erbaute das Schloss »in des Königsreich mildestem Teil«. Die

Ludwigshöhe birgt die Slevogt-Galerie mit Werken des Malers Max Slevogt, im Sommer werden Kammerkonzerte veranstaltet. Regelmäßige Führungen begleiten durch die Innenräume mit der historischen Küche. Die Zufahrt zur Ludwigshöhe ist beschildert, Parkplätze finden sich dicht beim Schloss.
Die Touren 1 und 2 in »Pfalz-Süd« starten bei der Ludwigshöhe.

Der Weinlehrpfad Mandelhöhe in Maikammer
Der bequeme Rundweg verläuft als Spaziergang durch das Rebenmeer und steht stellvertretend für viele Weinlehrpfade entlang der Deutschen Weinstraße. Der Lehrpfad ist unter Tour 8 in »Pfalz-Nord« beschrieben und beansprucht etwa eine Gehstunde.

Die Kalmit bei Sankt Martin
Die Kalmit ist mit 673 Metern die höchste Erhebung im Pfälzerwald. Über die Totenkopfstraße ab Maikammer, Sankt Martin oder vom Elmsteiner Tal aus ist der hoch gelegene Parkplatz zu erreichen. Der »Gipfelsturm« ist in 10 Minuten bewältigt. Das Kalmithaus des Pfälzerwald-Vereins bietet gastliche Einkehr, und die Aussicht ist großartig. Die Kalmit liegt an den Routen 5 und 9 in »Pfalz-Nord«.

Burg Spangenberg bei Erfenstein im Elmsteiner Tal
Die mittelalterliche Anlage war dem Verfall preisgegeben und wurde in selbstloser Arbeit vom Verein Burg Spangenberg gerettet und restauriert. Die gemütliche Burgschänke ist am Wochenende geöffnet, immer dann, wenn die Fahne über der Burg weht. Vom Parkplatz am Fuße der Burg ist der Anstieg in 15 Minuten zu schaffen.
Zufahrt über Neustadt an der Weinstraße, Lambrecht oder über die Totenkopfstraße ab Sankt Martin oder Maikammer. Die Burg Spangenberg ist eingebunden in die Touren Nr. 7 und 27 in »Pfalz-Nord«.

Der Taubensuhl im Landauer Stadtwald
Weit entfernt von Landau liegt das Gasthaus Taubensuhl auf einer Höhe von 525 Metern. Ein schmales Stichsträßchen ab Eußerthal (B10, Abfahrt bei Albersweiler) führt zum Taubensuhl hinauf. Die oft noch im Spätherbst nebelfreie Lage ermöglicht gemütliche Spaziergänge. Eine Rundtour ist unter Nr. 4 in »Pfalz-Nord« beschrieben

Johanniskreuz
Das Zentrum des Pfälzerwaldes, Wasserscheide zwischen Rhein und Mosel, ist Treffpunkt für Wanderer, Spaziergänger, Radfahrer und motorisierte Ausflügler. Straßen aus allen Richtungen laufen hier zusammen. Einkehr- und vielfältige Spaziermöglichkeiten bieten sich an. Das »Haus der Nachhaltigkeit« wurde im Jahre 2005 als Infozentrum des Biosphärenreservates Pfälzerwald-

Nordvogesen eröffnet. Die Touren Nr. 32 bis 35 in »Pfalz-Nord« starten beim Johanniskreuz

Die Pfälzer Weltachs
Das originelle Ziel eines kurzen Spazierganges beweist die sprichwörtliche Bescheidenheit der Pfälzer, die ihre Heimat als den Nabel der Welt sehen und dafür sorgen, dass die Achse unserer Welt täglich sorgfältig geschmiert wird. Der Rundweg ist in einer knappen Stunde leicht zu schaffen und wird unter Tour Nr. 37 in »Pfalz-Nord« beschrieben.

Der Wasserschaupfad im Odenbachtal
Das familienfreundliche Ausflugsziel offeriert Spielmöglichkeiten für Kinder und einen wenig anstrengenden Rundkurs mit vielen Informationen. Der Ausflug bietet sich auch für heiße Sommertage an, denn es gibt viele Gelegenheiten zum Plantschen und Spritzen am klaren Wasserlauf. Eine Beschreibung findet sich unter Tour Nr. 45 in »Pfalz-Nord«.

Das Hambacher Schloss
»Ein Fest für die Freiheit« ist der Titel der Dauerausstellung im Hambacher Schloss. Hier wird an der »Wiege der Demokratie« an das Hambacher Fest im Jahre 1832 erinnert, als rund 30 000 Menschen demokratische Rechte für Deutschland einforderten. Die Zufahrt zum Hambacher Schloss ist im Raum Neustadt an der Weinstraße ausgeschildert. Der Parkplatz befindet sich direkt beim Schloss. Tour Nr. 9 in »Pfalz-Nord« führt zum Schloss.

Mit dem Kuckucksbähnel von Neustadt durch das Elmsteiner Tal
Zwischen April und Oktober prustet das Kuckucksbähnel an bestimmten Sonntagen unter Volldampf von Neustadt an der Weinstraße nach Elmstein. Startpunkt ist Gleis 5 im Hauptbahnhof Neustadt, wo sich auch das Eisenbahnmuseum befindet. Ab allen Haltepunkten sind kurze und längere Rundwege möglich. Eine Wanderung ab Elmstein ist unter Nr. 31 in »Pfalz-Nord« empfohlen.

Der Kurpfalz-Park bei Wachenheim
Das familienfreundliche Ausflugsziel bietet u.a. einen Rundweg an von 5,6 km Länge, der auch mit Rollstuhl oder Kinderwagen befahren werden kann. Eine Beschreibung des Parks findet sich unter Nr. 15 in »Pfalz-Nord«. Die Zufahrt ist im weiten Umkreis gut beschildert.

Stadtbummel in Freinsheim
Das kleine Städtchen ist von einer mittelalterlichen Stadtmauer umgeben und gilt als beliebtes Ausflugsziel, besonders zur Blütenzeit im Frühjahr. Kurze, gut bezeichnete Rundwege ermöglichen schöne Spaziergänge, und eine rührige Gastronomie umsorgt die Gäste. Drei Rundwege sind unter Nr. 14 in »Pfalz-Nord« beschrieben.

Eingang zum Keltendorf in Steinbach.

Der Zoo in Kaiserslautern

Die modern gestaltete, großzügige Anlage beherbergt auf einer sieben Hektar großen Fläche rund 330 Tiere aus mehr als 50 Arten. Das beliebte Ausflugsziel erweitert sein Angebot ständig. Eine Falknerei mit Flugvorführungen, eine Gaststätte, der Erlebnispfad und ein schöner Kinderspielplatz sorgen für einen erlebnisreichen Familientag. Der Zoo Kaiserslautern liegt im Südwesten der Stadt beim Stadtteil Siegelbach, wo auch ein großer Parkplatz zur Verfügung steht.

Besucherbergwerke am Donnersberg

Die Besucherbergwerke Weiße Grube und Grube Maria in Imsbach geben einen interessanten Einblick in die bis zur Keltenzeit zurückreichende Geschichte des Bergbaus im Revier des Donnersbergs. Auch das Pfälzische Bergbaumuseum in Imsbach ist einen Besuch wert. Wanderungen im Bereich Donnersberg finden sich in »Pfalz-Nord« unter Nr. 23 bis 25.

Keltische Spuren am Donnersberg

Der Keltenrundweg führt zwar bis zum höchsten Punkt der Pfalz (687 m) ist aber bequem und ohne nennenswerte Höhenunterschiede zu begehen. Das Keltendorf und der Keltengarten in Steinbach am Donnersberg sind weitere, mühelos zu erreichende Attraktionen. Eine Beschreibung findet sich unter Tour Nr. 23 in »Pfalz-Nord«.

Rast und Einkehr

In keinem anderen deutschen Wandergebiet, vielleicht sogar weltweit, trifft man auf eine solche Dichte von Wanderheimen, Rasthäusern und Schutzhütten wie in der Pfalz. »Durststrecken« sind dort nicht erwünscht, die gemütliche Einkehr hat einen hohen Stellenwert! Es ist das Verdienst des Pfälzerwald-Vereins und seiner Mitglieder, in selbstloser Arbeit überall dafür zu sorgen, dass der Wanderer gastliche Aufnahme findet. Und immer trifft man in den Hütten auf die liebenswerte Spezies der »Hüttenhocker«, die auch den Fremden gerne in ihrer Mitte aufnehmen. Das Angebot an Speis und Trank ist immer preiswert, reell und oft deftig. »Hoorige Knepp« (Kartoffelklöße), »Fleeschknepp« (Fleischklöße), die »Keschdebrieh« (Kastaniensuppe), der »Schiefe Sack« und der längst zu Ruhm gekommene Saumagen sind für den Nichtpfälzer vielleicht akustisch etwas gewöhnungsbedürftig, ergeben aber zusammen mit den unvermeidlichen Leberknödeln und dem Sauerkraut die richtige Unterlage für den Schoppen Wein, der in der Pfalz immerhin einen halben Liter misst. Die legendäre Gemütlichkeit der Pfälzer Hütten hat schon manchen Zeitplan eines Wandertages durcheinander gebracht. Man tut also gut daran, die wohlverdienten Pausen großzügig einzurechnen. Natürlich sind die meisten Hütten nicht täglich geöffnet, die ehrenamtlichen Helfer könnten dies nicht leisten. Die Öffnungszeiten beschränken sich oft auf das Wochenende oder auch nur auf den Sonntag. Nichts ist ärgerlicher, als nach stundenlanger Wanderung vor verschlossenen Türen zu stehen. Auch deshalb sollte man stets das aktuelle Verzeichnis aller Wanderheime, Rasthäuser und Schutzhütten des Pfälzerwald-Vereins mitführen. Es beinhaltet alle Öffnungszeiten, die Anschriften und Telefonnummern der Ansprechpartner und ist gegen eine geringe Gebühr in den Wanderhütten und bei der Hauptgeschäftsstelle erhältlich. Auch die Buchreihe »Hüttenzauber« (höma-Verlag Offenbach) sei dafür empfohlen. In 3 Bändchen werden 139 Wanderhütten, Naturfreundehäuser und Vereinsheime ausführlich und launig beschrieben. Präzise Angaben über Öffnungszeiten, Zufahrtswege, Ansprechpartner, Geschichte und Charakter der einzelnen Einkehrstätten geben ein genaues Bild und ermöglichen eine präzise Planung.

Hauptgeschäftsstelle des Pfälzerwald-Vereins
Fröbelstraße 24, 67433 Neustadt/Weinstraße
Telefon: 06321-2200, www.pwv.de

Tipps und Hinweise

Schwierigkeitsbewertung

Alle Wanderungen im Pfälzerwald und an der Weinstraße bewegen sich etwa zwischen 150 und wenig mehr als 600 Metern Meereshöhe. Selbst der höchste Punkt der Pfalz, mit 687 Metern auf dem Donnersberg erreicht, erfordert keine alpine Ausrüstung und ist spielend leicht zu »erklimmen«. So sind auch winterliche Beeinträchtigungen eher selten, so dass die Pfalz als Wanderregion »ganzjährig geöffnet« bleibt. Nur der Anstieg zu den Burgen und einigen Aussichtspunkten kann gelegentlich etwas steiler werden. Und trotzdem ist eine Warnung angebracht: Die unzähligen Felsen mit ihren Aussichtskanzeln sind meist nicht abgesichert, man steht oft ganz unvermittelt vor einem senkrechten Abbruch. Bei Wanderungen mit Kindern ist also besondere Vorsicht geboten. Die blaue Farbe der Tourennummern stuft alle Wanderungen als leicht ein. Dies bezieht sich jedoch nur auf den Schwierigkeitsgrad. Die sehr unterschiedlichen Tourenlängen müssen nach eigener Einschätzung bewertet werden.

Die beste Jahreszeit

»Wanderwetter ist immer« - wenn die Ausrüstung stimmt!

Doch sollte man daran denken, dass in der wärmsten Gegend Deutschlands eine stundenlange Wanderung durch die Weinberge bei hochsommerlichen Temperaturen nicht jedermanns Sache sein kann. Die Bandbreite zwischen einer Winterwanderung in einsamer Stille, schattigen Waldpfaden im Sommer oder unter der Frühlingssonne über der Weinstraße ist riesig. Es soll auch nicht verschwiegen werden, dass es an schönen Herbst-Wochenenden in den Winzerorten an der Weinstraße schon recht lebhaft zugehen kann.

Zuverlässige Wegbegleiter: Die Markierungen des Pfälzerwald-Vereins.

Gehzeiten

Die Angabe der Gehzeiten entspricht einem durchschnittlichen Wandertempo von etwa vier Kilometern pro Stunde bei geringen Höhenunterschieden; Zuschläge für Steigungen sind eingerechnet.

Pausen aller Art, Pilz- und Beerensuche, Picknick oder gemütliche Einkehr sind natürlich nicht berücksichtigt. All dies macht aber den Wandertag erst zum Erlebnis, weshalb er nicht unter einer zu engen Zeitplanung leiden sollte.

Die Wanderwege

Lückenlos und zuverlässig sind die Wegmarkierungen des Pfälzerwald-Vereins. Diesem rund 12 000 Kilometer langen Wegenetz, das in ehrenamtlicher Arbeit betreut wird, kann sich der Wanderer getrost anvertrauen. Die Bezeichnungen für örtliche Rundwege, oft mit Zahlen, oder Tiersymbolen versehen, erreichen dagegen noch nicht überall den gleichen Standard.

Das Höhenprofil

Die Höhendiagramme zeigen die wichtigsten An- und Abstiege und die ungefähre reine Gehzeit an. Hier sei noch einmal empfohlen, mehr Zeit einzuplanen, als dies die nüchterne Berechnung vorgibt.

Ausrüstung

Bei allen Wanderungen sind die Schuhe natürlich die wichtigste Ausrüstung. Alpengerechte Bergstiefel sind allerdings nicht erforderlich. Aber auch in Deutschlands wärmster Gegend gibt es Gewitter mit kräftiger Abkühlung und unerwartete Regengüsse. Anorak und Pullover gehören ebenso ins Gepäck wie ein Messer und ein luftdurchlässiger Behälter, denn es ist wenig angenehm, einen unerwarteten Steinpilzfund in ein Hemd wickeln zu müssen.

Ramberg – Burgruine Ramberg – Schwörstein – Dernbach

Wo einst Kirschwasser und Bürstenbinden die Lebensgrundlage bildeten

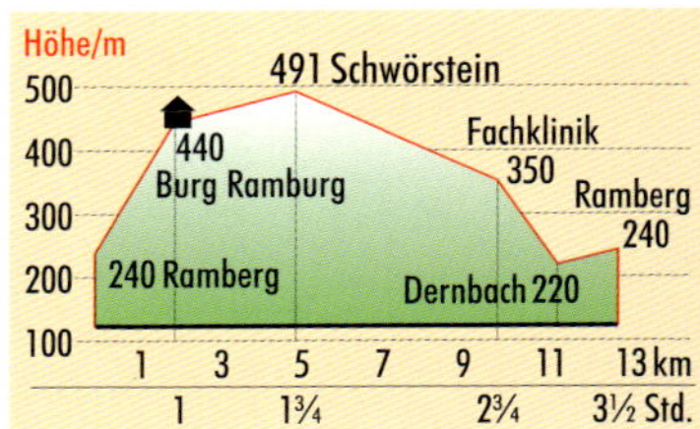

Ausgangspunkt: Ramberg liegt nordwestlich von Annweiler am Trifels, nördlich der Bundesstraße 10, Ausfahrt Albersweiler/Ramberg. Busverbindungen in Richtung Annweiler und Landau. Parkplatz am Ortseingang aus Richtung Dernbach kommend in Höhe des Friedhofs.
Gehzeit: 3½ Stunden.
Charakter: Nur am Anfang ein Anstieg, ruhige Waldwanderung mit Abkürzungsmöglichkeit.
Einkehr: Ramberg, Ramburg-Schenke.
Wegmarkierungen: Roter Punkt über Ramburg-Schenke bis Einmündung in Wanderweg mit grün-blauem Strich. Vor Fachklinik mit weißem Punkt abzweigen bis Dernbach. Nach Beschreibung bis Ramberg.
Karte: KOMPASS 766; Annweiler (1:25000).

Wir wandern in **Ramberg** am Bürstenbinder-Museum vorbei leicht ansteigend durch das ganze Dorf (Schloßbergstraße) und erreichen in einer Wanderstunde die **Burgschenke** am Fuße der Ramburg. Nach kurzem Aufstieg zur Ruine mit ihrer mächtigen Schildmauer belohnt uns eine herrliche Aussicht über den Wasgau, besonders zum mächtigen Asselstein und der durch Viktor von Scheffel besungenen Burgendreifaltigkeit von Trifels, Anebos und Münz. Der rote Punkt leitet uns weiter in Richtung Pottaschhütte (Böchinger Hütte). Solche Doppelnamen für eine Wan-

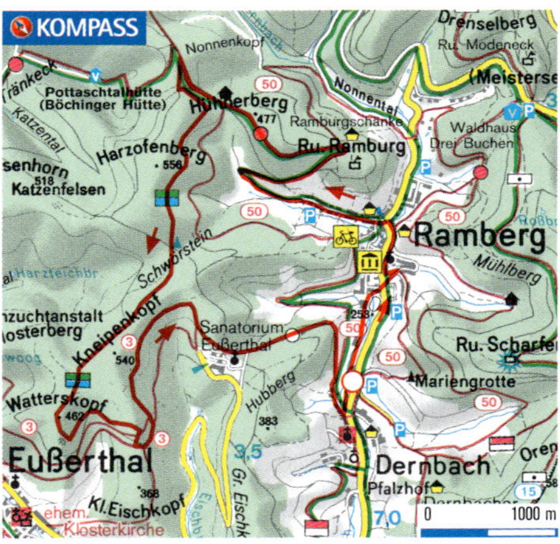

Bürstenbindermuseum in Ramberg.

derhütte findet man mehrfach im Pfälzerwald, sie haben schon manchen wenig ortskundigen Wanderer verunsichert. Nach etwa 30 Minuten Gehzeit seit Ramburg (falls man den Abstecher zur Hütte auslässt), biegen wir in scharfem Winkel links ab und folgen dem grün-blauen Strich auf schönem Waldweg zum **Schwörstein**. Die Felsplatte markierte über ein Jahrtausend lang eine Waldgrenze. Hier wurden die Wächter über das Waldrecht vereidigt. Ab Schwörstein bietet ein direkter Weg zur Fachklinik eine günstige Abkürzung an (Wegweiser 1 km). Unser Weiterweg passiert schöne Felsgruppen, wechselt mehrfach die Richtung, ist aber lückenlos markiert und mündet kurz vor der **Fachklinik** in den mit weißem Punkt markierten Weg, dem wir nach links folgen. In Höhe der Sportanlagen bei der Klinik biegt der Weg links ab und führt über den Galgenberg (Informationstafel über frühere Richtstätte) talwärts. Man sieht bereits unseren Parkplatz am Ortseingang von Ramberg, wir müssen aber bis zu den ersten Häusern von **Dernbach** absteigen. Bei einer Sitzgruppe am Ortseingang biegen wir links ab, wählen aber den Weg auf dem Talgrund, denn die örtlichen Wege sind dürftig bezeichnet. In Ramberg geht es dann über die **Bischof-Beck-Straße** zurück zum Parkplatz

Bitterste Armut herrschte einst in dem abgelegenen Dernbachtal, ehe sich im 19. Jh. die Bürstenfertigung von der Heimarbeit zur Fabrikation entwickelte und zunächst ein noch kärgliches Einkommen sicherte. Die Ramberger Bürstenbinder zogen durch halb Europa, um ihre Produkte zu verkaufen. Von den mehr als 30 Bürstenfabriken haben nur wenige überlebt. Das **Heimat- und Bürstenbinder-Museum Ramberg** erzählt die Geschichte von der Handarbeit bis zur industriellen Fertigung und dem verzweifelten Streik 1907, der fast ein Jahr lang dauerte. Das Dernbachtal ist im Frühling ein einziges Blütenmeer, und von den unzähligen Kirschbäumen stammt das berühmte Kirschwasser. Unweit von Ramberg steht der wahrscheinlich älteste Kastanienbaum Deutschlands, dessen Alter auf etwa 300 Jahre geschätzt wird. Örtliche Wegweiser führen zum »Keschdebusch«.

Dernbach – Dernbacher Haus – Landauer Hütte – Ruine Neuscharfeneck – Waldhaus Drei Buchen – Ramberg

Am schönsten zur Zeit der Kirschbaumblüte

Ausgangspunkt: Dernbach liegt nordöstlich von Annweiler, nördlich der Bundesstraße 10. Ausfahrt Albersweiler/Rambach. Parkplatz am Ortsausgang Richtung Ramberg.
Gehzeit: 3 Stunden.
Charakter: Angenehme, wenig anstrengende Rundwanderung von Hütte zu Hütte.
Einkehr: Dernbach, Dernbacher Haus, Landauer Hütte, Waldhaus Drei Buchen, Ramberg.

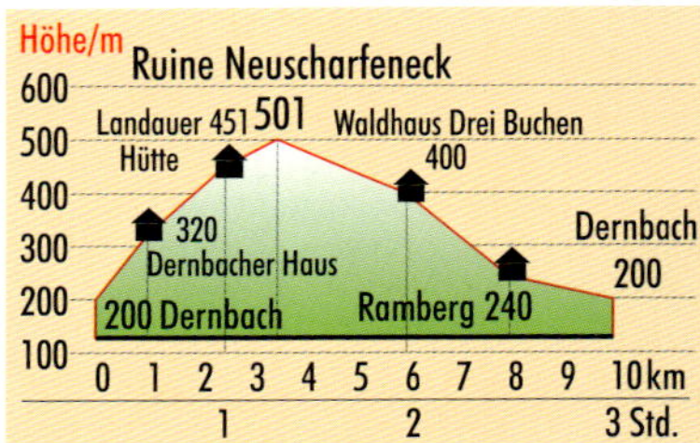

Wegmarkierungen: Rot-weißer Strich bis Landauer Hütte, weißer Strich mit schwarzem Punkt bis Waldhaus Drei Buchen, roter Punkt bis Ramberg, nach Beschreibung bis Dernbach.
Karte: KOMPASS Nr. 766 und 1:25 000 Annweiler.

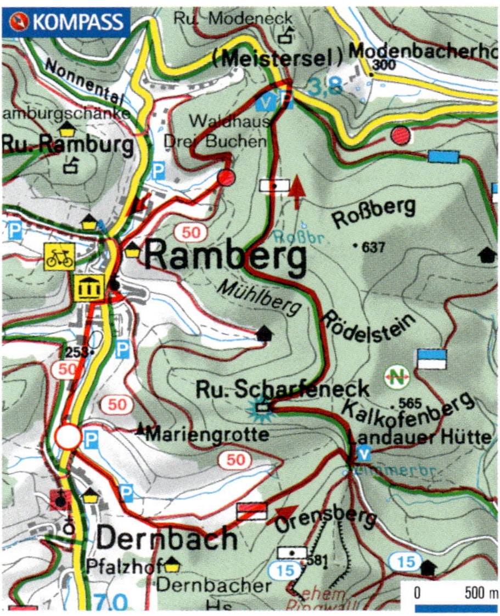

Am Ortsrand von **Dernbach** in Richtung Ramberg beginnt der Zufahrtsweg zum **Dernbacher Haus** am Waldrand, zu dem wir in leichtem Anstieg gelangen. Hier öffnet sich ein weiter Blick über das Tal. Unsere Route steigt auf schönem Weg an, nur das letzte Stück verläuft auf einem Schotterweg zur **Landauer Hütte**.

Wanderheim Drei Buchen.

Wo sechs Wege des Pfälzerwald-Vereins zusammenkommen, ist an Wochenenden immer mit lebhaftem Betrieb um die gastliche Hütte zu rechnen. Unser Weiterweg folgt der Markierung weißer Strich mit schwarzem Punkt, den die Pfälzer unter dem Namen »Armbanduhrenweg« kennen.
Ein kurzer Anstieg von etwa 15 Minuten führt zur imposanten **Burgruine Neu Scharfeneck** hinauf. Ohne nennenswerte Steigung geht es weiter zum **Waldhaus Drei Buchen**. Zwischen Hauptgebäude und Garagenanbau finden wir die Fortsetzung des Weges (roter Punkt). Er zieht hinab nach **Ramberg**. Im Dorf, etwas unterhalb der **Laurentiuskirche**, führt der Marktweg links aufwärts. Bei der Erholungs- und Erlebnisstätte Neuscharfeneck am Ortsrand wählen wir den nach links ziehenden Weg. Der schöne Pfad berührt die **Lourdes-Grotte**. Wenige Minuten später ist auf den Abzweig nach rechts zu achten. Auf altersschwachen Holzstufen geht es kurz bergab.
Wir queren den flachen Talgrund, sehen links oben das Dernbacher Haus und gehen nach rechts abwärts auf der Spur unseres Herweges zum Parkplatz zurück.

Eine gute Gastronomie, das Blütenmeer im Frühjahr und die Nähe einiger Wanderhütten sind die Gütezeichen des Dernbachtales. Sehenswert ist die mittelalterliche Dreifaltigkeitskirche mit Sakramentshäuschen und gotischen Malereien. Die **Burg Neuscharfeneck** entstand im 13. Jh. und wurde im Dreißigjährigen Krieg geschleift. Von der riesigen Schildmauer bietet sich eine herrliche Aussicht über das Wäldermeer. **Ramberg** s. Tour Nr 1.

3

Eußerthal – Böchinger Hütte – Freßwasen – Taubensuhl – Siebeldinger Hütte

Einsame Wälder und gastliche Einkehr

Ausgangspunkt: Eußerthal liegt an der Stichstraße zum Taubensuhl, die zwischen Landau und Annweiler von der B10 abzweigt. Busverbindung in Richtung Annweiler und Landau, Parkplatz am Ortsrand in Richtung Taubensuhl.
Gehzeit: 7 Std., bei Abkürzung 5 Std.
Charakter: Langer Rundkurs auf abgelegenen Pfaden für ausdauernde Wanderer. Abkürzung ist möglich.
Einkehr: Böchinger Hütte, Taubensuhl, Siebeldinger Hütte.
Wegmarkierungen: Weiß-blauer Strich durch das Birkental, roter Punkt über Böchinger Hütte, grün-blauer Strich bis Pfaffenkopf, rotes Kreuz bis Taubensuhl, gelber Strich bis Eußerthal. Abkürzung: Ab Kirschbaum weiß-blauer Strich bis Eußerthal.
Karte: KOMPASS 766; Annweiler (1:25000).

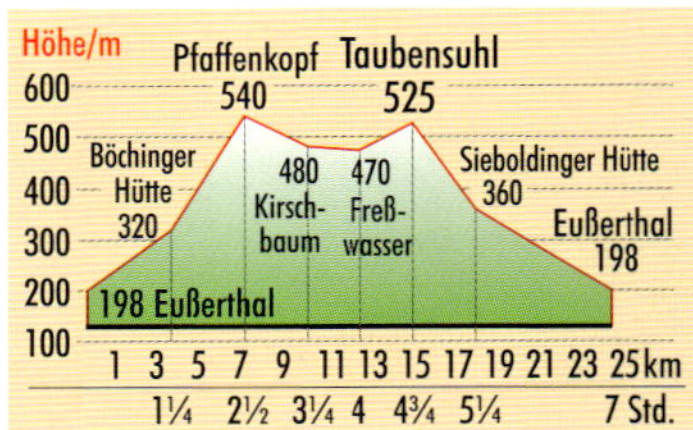

Das **Birkental** beginnt am Ortsausgang von **Eußerthal** in Richtung Taubensuhl. Wir folgen dem sacht ansteigenden Fahrweg, der an Forellenteichen entlang zu einer Weggabelung führt. Dort verlassen wir den Bachlauf nach rechts und folgen der Markierung roter Punkt. Bald tauchen auch Wegweiser zur **Böchinger Hütte** auf, die wenig später erreicht wird. Nun folgt ein sehr steiler Anstieg bis zur Einmündung in den mit grün-blauem Strich markierten Wanderweg, dem wir nach links und immer wieder ansteigend folgen. Bei der Weggabelung am **Pfaffenkopf**, kurz vor dem Lärchengarten (Wegweiser Heldenstein 2 km), ist genau auf die Markierung rotes Kreuz zu achten, denn der Weg knickt in sehr spitzem Winkel links ab. Wir kommen zum **Hainfelder Kirschbaum**

Zisterzienserkirche in Eußerthal.

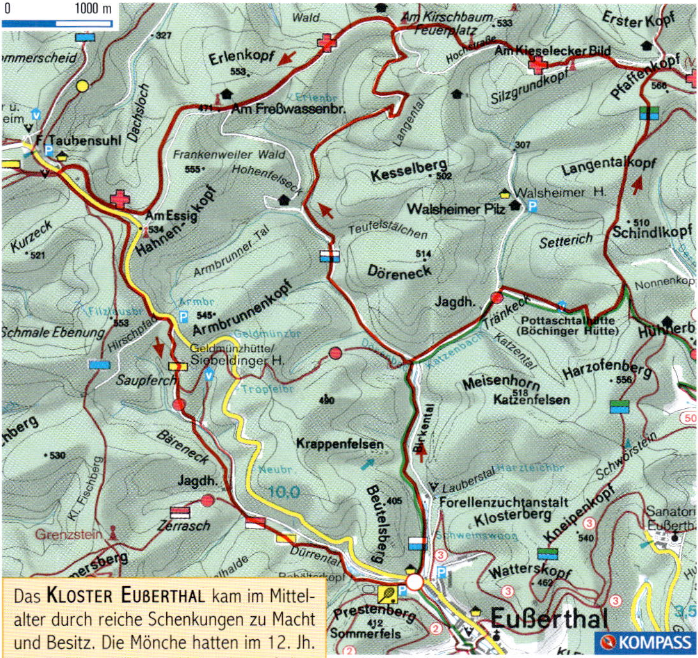

Das **Kloster Eußerthal** kam im Mittelalter durch reiche Schenkungen zu Macht und Besitz. Die Mönche hatten im 12. Jh. das Privileg, die Reichskleinodien auf dem nahen Trifels zu bewachen. Plünderungen und Zerstörungen wiederholten sich mehrmals, zuletzt im Bauernkrieg 1525. Die Zisterzienserkirche wurde im 18. Jahrhundert auf den Grundlagen der alten Klosteranlage wieder aufgebaut. Der Mönchsweg, ein 12 km langer Wanderweg, führt auf den Spuren der Mönche zum Trifels hinüber. Die Kirche kann besichtigt werden; im Sommer finden Kirchenkonzerte statt.

(Schutzhütte, 1994 erneuert, Gedenkstein). Noch vor Erreichen dieses Punktes, die Hütte aber schon in Sichtweite, bietet sich die **Abkürzung** nach links an (weiß-blauer Strich; dieser schöne, stets bergab führende Wanderpfad folgt lange dem Bachlauf und mündet schließlich im Birkental in unseren Herweg ein; die angegebene Gehzeit verringert sich um zwei Stunden). Der große Rundweg aber führt abwechslungsreich und gut markiert durch hübsche Waldlandschaft zum **Freßwasen** (Schutzhütte, Brunnen) und weiter zum **Gasthaus Taubensuhl**. Von der Häusergruppe aus folgen wir etwa 400 Meter dem Fahrsträßchen in Richtung Eußerthal. Dann biegt der Wanderweg rechts ab (Wegweiser Siebeldinger Hütte 3 km, Eußerthal 7 km), und es beginnt der lange aber reizvolle Abstieg zum Startpunkt in **Eußerthal**.

Rundwanderung um den Taubensuhl

Fern der Stadt durch den Landauer Stadtwald

Ausgangspunkt: Der Taubensuhl ist nur über ein schmales Stichsträßchen ab Eußerthal (B10, Abfahrt bei Albersweiler) zu erreichen. Von Mai bis Oktober fährt an Sonn- und Feiertagen der Wanderbus ab Edenkoben (Linie 506) bis Taubensuhl. Parkplatz bei der Gaststätte Forsthaus Taubensuhl.

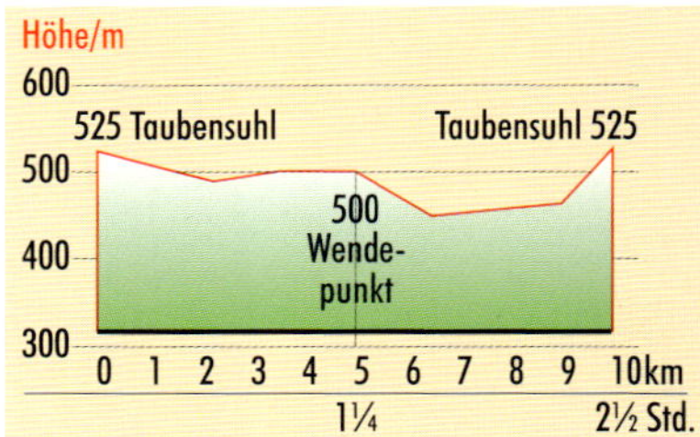

Gehzeit: 2½ Std.
Charakter: Ruhige Waldwanderung mit geringen Steigungen.
Einkehr: Gaststätte Forsthaus Taubensuhl (Montag Ruhetag).
Wegmarkierungen: Rotes Kreuz in Richtung Johanniskreuz bis Wendepunkt, örtliche Rundwegmarkierung »3« bis Taubensuhl.
Karte: KOMPASS Nr. 766 und 1:25 000 Lambrecht-Elstein.

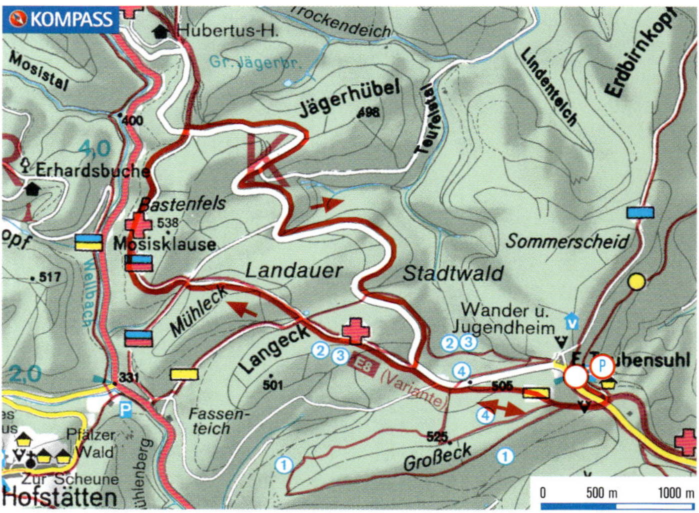

Forsthaus Taubensuhl.

Die Rundwanderung berührt keine besonderen Aussichtspunkte. Der hoch gelegene Ausgangsort (525 m) verspricht jedoch oft noch an Spätherbsttagen sonnige Stunden, während die Täler in Dunst oder Nebel liegen. Für kürzere Wanderungen oder Spaziergänge bietet eine Informationstafel des Pfälzerwald-Vereins beim Gasthaus Taubensuhl sechs örtliche Rundwege an. Direkt beim Parkplatz übernimmt das rote Kreuz die Führung in Richtung Johanniskreuz. Der Weiterweg muss nicht weiter beschrieben werden. Er führt durch schöne und ständig wechselnde Waldlandschaft bei sanften Abstiegen zum Wendepunkt bei einer Sitzgruppe unter mächtiger Buchenbedachung. Ab dort vertrauen wir uns der örtlichen Rundwegmarkierung »3« an, die nach rechts zunächst kurz einem Schotterweg folgt, dann aber in einen tief eingeschnittenen Hohlweg einmündet.
(Der meist nasse Untergrund kann umgangen werden, wenn man dem Fußpfad auf der linken Böschungskrone folgt.) Die weitere Route verläuft zunächst parallel zum Waldsträßchen, quert dieses später nach links und folgt dann einem nur ganz leicht ansteigenden Hangweg. Unterwegs ist genau auf die Markierung zu achten, die zwar lückenlos, oft aber etwas unauffällig angebracht ist.
Das letzte Wegstück zieht noch kurz steil bergan, dann bringt uns das Fahrsträßchen entlang der wenigen Gebäude zurück zum Parkplatz bei der Gaststätte.

Sankt Martin – Felsenmeer – Kalmit

Zum höchsten Punkt des Pfälzerwaldes

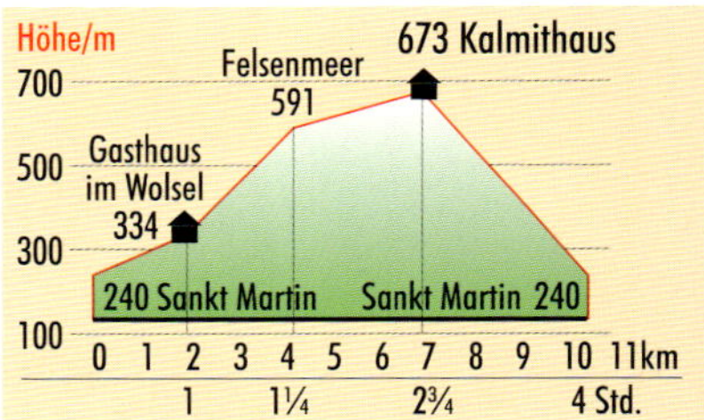

Ausgangspunkt: Sankt Martin liegt nördlich von Edenkoben an der Deutschen Weinstraße. Busverbindungen in Richtung Neustadt an der Weinstraße und Landau. Großer Wanderparkplatz am Ortsausgang in Richtung Edenkoben.
Gehzeit: 4 Stunden.
Charakter: Kräftiger Anstieg, kontrastreiche Wege zwischen Felsen und Reben.
Einkehr: Sankt Martin, Kalmithaus, Wappenschmiede.
Wegmarkierungen: Gelber Punkt ab Ortsrand Sankt Martin, Wegweiser Felsenmeer-Kalmit; ab Schutzhütte im Felsenmeer weiß-grüner Strich zur Kalmit, roter Punk und grün-weißer Strich bis Sankt Martin.
Karte: KOMPASS Nr. 766 und 1:25 000 Neustadt – Maikammer – Edenkoben – Landau.

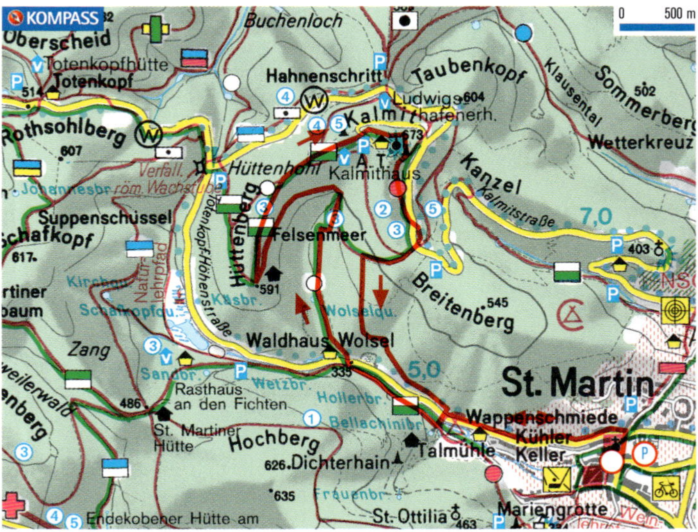

Vom empfohlenen Parkplatz sind es nur wenige Minuten bis zur Ortsmitte von **Sankt Martin**. Den Bummel durch die malerischen Gassen sollte man sich nicht entgehen lassen. Durch die Einlaubstraße (Wegweiser zum Hotel Haus am Rebenhang) steigen wir zum Ortsrand an und folgen dem Waldlehrpfad bis zu einer auffälligen Pappel in Höhe eines kleinen Teiches. Dort gabeln sich die Wege, unser Wegweiser zeigt schräg nach links in Richtung Felsenmeer-Kalmit.

Beim **Gasthaus im Wolsel** queren wir die Fahrstraße, dann erwartet uns ein kräftiger Anstieg, der über die **Wolselquelle** zum **Felsenmeer** führt. Bei der Schutzhütte übernimmt die Markierung weiß-grüner Strich die Führung über die Felsendächer. Hier ist mit Kindern besondere Vorsicht geboten, denn die Abbrüche sind nicht abgesichert. Der steilste Teil des Anstiegs ist nun geschafft, und es geht gut markiert – und viel begangen – zum **Kalmithaus** (auch Ludwigshafener Hütte genannt). Der Abstieg beginnt direkt vor der Terrasse des Kalmithauses (Wegweiser nach Sankt Martin und roter Punkt). Er zieht über den Breitenberg stellenweise steil talwärts und bringt uns über die Wappenschmiede nach **Sankt Martin** zurück.

Bild oben: Kropsburg bei St. Martin.
Bild unten: St. Martin, am Kirchberg.

Die KALMIT (673 m) ist die höchste Erhebung des Pfälzerwaldes. »Von «Calamitas» (Wasserschaden) soll der Name stammen, und in der Tat bringen die an ihr weilenden Gewitter nicht selten verheerenden Hagelschlag.......« schrieb August Becker schon 1857 in seinem Buch »Die Pfalz und die Pfälzer«. Ab Maikammer, Sankt Martin und aus dem Elmsteiner Tal ist der Parkplatz unterhalb der Kalmit auch mit PKW über die Totenkopfstraße erreichbar.

Totenkopfhütte – Suppenschüssel – Schänzelturm – Forsthaus Heldenstein – Schuhmacherstiefel

Gedenksteine erinnern an kriegerische Zeiten

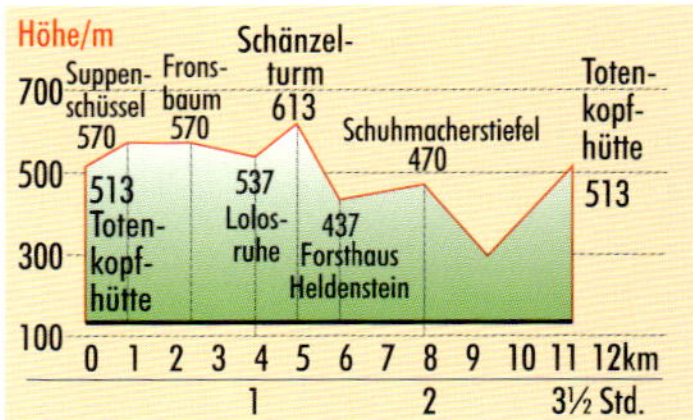

Ausgangspunkt: Totenkopfhütte an der Totenkopfstraße, Zufahrt über die Totenkopfstraße ab Sankt Martin oder ab Breitenstein im Elmsteiner Tal, westlich von Neustadt an der Weinstraße. Der Wanderbus ab Edenkoben fährt sonntags von Mai bis Oktober zum Startpunkt.
Gehzeit: 3½ Std.
Charakter: Waldwanderung auf schmalen Pfaden, zum Abschluss ein Anstieg von 200 Höhenmetern.

Einkehr: Totenkopfhütte, Forsthaus Heldenstein.
Wegmarkierungen: Blau-gelber Strich bis Schänzelturm, rotes Kreuz bis Forsthaus Heldenstein, grün-weißer Strich bis Schuhmacherstiefel, grün-gelbes Kreuz bis Totenkopfhütte.
Karte: KOMPASS 766 und 1:25000 Lambrecht-Elmstein.

Direkt bei der **Totenkopfhütte** queren wir die Fahrstraße und entdecken die Mark. blau-gelber Strich und den Wegweiser in Richtung Schänzel.

> 1794/95 gab es rund um den heutigen **SCHÄNZELTURM** blutige Kämpfe zwischen den Truppen Napoleons und dem preußischen Heer. Zahlreiche Denkmäler erinnern an die Opfer, und das Forsthaus Heldenstein bekam seinen Namen in einer Zeit, als der Heldentod, und war er noch so sinnlos, noch glorifiziert wurde.
> Eine Broschüre »Die Kämpfe um Edenkoben und das Schänzel« (Heimatbund Edenkoben e.V.) ist im Buchhandel erhältlich.

Totenkopfhütte.

Nach ganz leichtem Anstieg ist die Wegkreuzung bei der **Suppenschüssel** erreicht. Eine kreisrunde Vertiefung an einem Sandsteinblock gab dem Platz seinen Namen. Durch parkartiges Waldgebiet und ohne nennenswerte Höhenunterschiede kommen wir zur **Fronbaumhütte** (575 m, Schutzhütte, Rastplatz). Hier bündeln sich einige Wanderwege und führen weiter zur Lolosruhe, wo die Fahrstraße gequert wird. Vorbei an den Fünf Steinen, deren Inschriften wie Steinmetz- und Hauszeichen ungeklärt sind, folgt der Anstieg zum **Schänzelturm**. Der einst großartigen Aussichtswarte sind allerdings die schnellwüchsigen Fichten etwas »über den Kopf« gewachsen, so dass nur noch zwei »Sehschlitze« durch die Baumkronen offen sind. Der Abstieg zum **Forsthaus Heldenstein** ist stellenweise recht steil und führt an den erwähnten Denkmälern und Gedächtnissteinen vorbei. Unser Weiterweg beginnt am Parkplatz bei der Gaststätte und ist in Richtung Breitenstein bezeichnet (grün-weißer Strich). Auf genüsslichem Waldweg geht es zum **Schuhmacherstiefel**, unterwegs bieten sich immer wieder schöne Talblicke. Beim Felsbrocken mit eingemeißeltem Stiefel, dessen Herkunft nicht geklärt ist, biegen wir rechts ab und beginnen den Abstieg auf ganz schmalem Pfad. Er endet an der Fahrstraße. Wenige Schritte nun auf dieser Straße nach rechts. Nach Queren der Fahrbahn sehen wir einen auffallend breiten Sandweg, von dem wir gleich darauf rechts abzweigen. Jetzt sind noch rund 200 Höhenmeter in gleichbleibender Steigung zu bewältigen, ehe wir direkt am Parkplatz vor der **Totenkopfhütte** ankommen.

Totenkopfhütte – Hellerhütte – Burg Spangenberg

Waldwanderung von Hütte zu Hütte

Ausgangspunkt: Totenkopfhütte an der Totenkopfstraße. Zufahrt über die Totenkopfstraße ab Sankt Martin, Maikammer oder Breitenstein im Elmsteiner Tal. Der Wanderbus ab Edenkoben fährt sonntags von Mai bis Oktober zum Startpunkt.
Gehzeit: 3 Std.
Charakter: Ruhige Waldwanderung mit nur mäßigen Anstiegen.
Einkehr: Totenkopfhütte, Hellerhütte, Burgschänke Spangenberg.
Wegmarkierungen: Blau-gelber Strich bis Hellerhütte, weiß-roter Strich bis Erfenstein, weiß-grüner Strich über Burg Spangenberg zur Totenkopfhütte.
Karte: KOMPASS Nr. 766 und 1:25 000 Neustadt – Maikammer – Edenkoben – Landau.

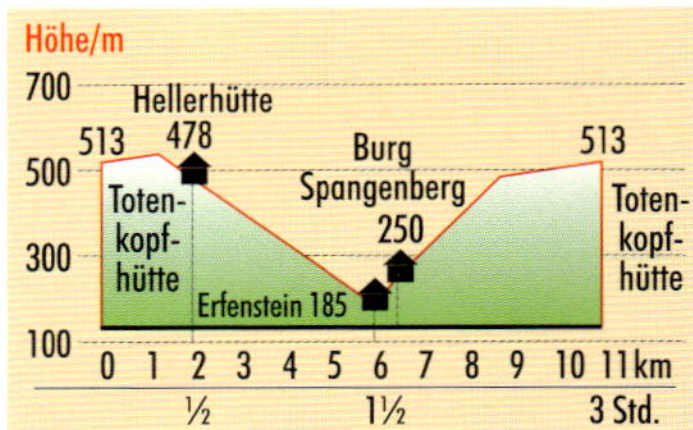

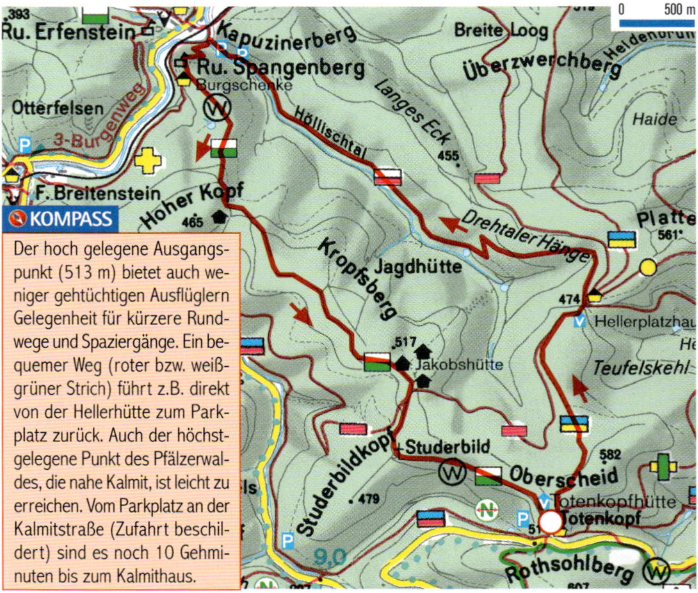

KOMPASS

Der hoch gelegene Ausgangspunkt (513 m) bietet auch weniger gehtüchtigen Ausflüglern Gelegenheit für kürzere Rundwege und Spaziergänge. Ein bequemer Weg (roter bzw. weiß-grüner Strich) führt z.B. direkt von der Hellerhütte zum Parkplatz zurück. Auch der höchstgelegene Punkt des Pfälzerwaldes, die nahe Kalmit, ist leicht zu erreichen. Vom Parkplatz an der Kalmitstraße (Zufahrt beschildert) sind es noch 10 Gehminuten bis zum Kalmithaus.

Burgruine Spangenberg über dem Elmsteiner Tal.

Beim Parkplatz hinter der **Totenkopfhütte** übernimmt der blaugelbe Strich die Führung. Der Pfad biegt nach rechts ab, steigt einige Höhenmeter an und geleitet in 30 Minuten hinab zur **Hellerhütte**. Hier laufen sieben bezeichnete Wanderwege zusammen; an Wochenenden herrscht daher immer lebhafter Betrieb rund um die Hütte. Unvergessen ist das Grauen der Silvesternacht 1960. Die »Al Capone-Bande«, die in jenen Jahren die Pfalz in Angst und Schrecken versetzte, überfiel die Hellerhütte. Dabei wurde der Hüttenwart erschossen. Einige Schritte unterhalb der Hütte folgen wir dem weiß-roten Strich. Teils auf schmalen Pfaden, teils auf breitem Waldweg geht es stetig leicht bergab durch das Höllischtal bis zum ersten Gebäude von **Erfenstein**. Hier wenden wir uns nach links (Wegweiser zur Burgschänke und weiß-grüner Strich) und steigen in 15 Minuten hinauf zur **Burg Spangenberg**. In der gemütlichen Burgschänke ist man gut aufgehoben, dort bietet man auch Literatur über die Geschichte der Burg an.

Unser Weiterweg beginnt direkt am Eingang zur Burg. Der Rückblick zeigt noch einmal eindrucksvoll das Felsennest und die auf der anderen Talseite gelegene Ruine Erfenstein.

Der Rückweg steigt zunächst auf schmalem Pfad stetig an, mündet schließlich in einen breiten Waldweg ein und führt zu einer Wegkreuzung (Schutzhütte links, etwas zurückversetzt). Hier würde sich eine Schleife anbieten, die noch einmal zur Hellerhütte führt (roter Strich und Wegweiser).

Unser direkter Rückweg erreicht bald darauf wieder die **Totenkopfhütte**.

Der Weinlehrpfad Mandelhöhe in Maikammer

Sonnige Pfalz – Gott erhalt's

Ausgangspunkt: Maikammer liegt südlich von Neustadt an der Weinstraße, die innerörtlichen Wegweiser zur Kalmitstraße weisen den Weg zur Alsterweiler Kapelle oberhalb des Dorfes. Rechts der Straße großes Weinfass mit der Aufschrift »Weinlehrpfad Mandelhöhe«, hier Parkmöglichkeit.
Gehzeit: 1 Stunde.
Charakter: Gemütlicher und steigungsfreier Rundweg.
Einkehr: Maikammer.
Wegmarkierungen: Weinlehrpfad.

Der Rundweg beginnt bei der **Alsterweiler Kapelle**. Sie birgt ein spätgotisches Altarbild eines unbekannten Meisters aus dem 15. Jh. Der Wegverlauf braucht nicht näher beschrieben zu werden. Er folgt befestigten Wegen und bietet unterwegs einen gemütlichen Rastplatz an. An mehreren Stellen öffnet sich eine herrliche Aussicht, obwohl man sich nur wenige Höhenmeter über der weiten Ebene befindet. Unterwegs werden die einzelnen Rebsorten und deren Herkunft und Bedeutung vorgestellt. Historische Weinbauanlagen bis zurück ins Mittelalter werden der modernen Anbautechnik gegenüber gestellt. Die Winzerfamilien der Verbandsgemeinde Maikammer (mit

Fachwerkhaus aus dem 17. Jh. in Maikammer; Bild oben: Beginn des Weinlehrpfads bei Maikammer.

Blick auf Maikammer.

St. Martin und Kirrweiler) betreuen rund vier Millionen Rebstöcke auf einer Fläche von 900 Hektar. 20 Millionen Liter Wein können in den Kellern gelagert werden, das sind 80 Millionen Viertele, rund eines für jeden Bundesbürger!
Über die Kredenburgstraße und die Friedhofsstraße schließt sich der Kreis dieses interessanten Rundweges. Und wer nun Lust verspürt, sich mit dem edlen Pfälzer Wein einzudecken: Ein Ortsprospekt der Gemeinde Maikammer kann die Wahl zur Qual machen, denn er bietet nicht weniger als 33 Adressen von Weingütern an.
Büro für Tourismus in Maikammer: Telefon 06321 – 589917.

Ob Weinliebhaber, kompromissloser Biertrinker oder erklärter Abstinenzler, wer in die Pfalz kommt, begegnet dem Wein auf Schritt und Tritt. Zahlreiche Funde belegen, dass schon die Römer im zweiten Jh. vor Christus die gesegnete Lage der Haardt für den Weinbau nutzten, und die Tradition ist bis heute ungebrochen. Wie ein schützender Wall riegelt der Pfälzerwald Kälte und Westwinde ab und sorgt mit dafür, dass in der wärmsten Gegend Deutschlands neben dem Wein auch Feigen, Mandeln und andere Pflanzen und Früchte des Südens blühen und gedeihen. Entlang der Deutschen Weinstraße, die im Süden beim Deutschen Weintor an der französischen Grenze beginnt und sich über rund 80 km bis Bockenheim im Norden zieht, reihen sich die berühmten Weinlagen und Winzerorte auf wie an einer Perlenkette. Seitenlang wäre die Aufzählung der illustren Namen, die dem Weinfreund auf der Zunge zergehen: »Forster Ungeheuer«, »Kallstadter Saumagen«, »Deidesheimer Hofstück«, »Mußbacher Eselshaut« oder »Gimmeldinger Meerspinne«- diese 5 exemplarischen Beispiele mögen genügen, um die blumige Vielfalt der Lagebezeichnungen anzudeuten. Kein Wunder, dass der »Erste Deutsche Weinlehrpfad« in Schweigen-Rechtenbach am Deutschen Weintor (Band Pfalz-Süd Tour 24) zahlreiche Nachahmer gefunden hat. Stellvertretend sei hier der **Weinlehrpfad Mandelhöhe in Maikammer** vorgestellt und empfohlen. »Zünftige« Wanderer mögen diesen Vorschlag überlesen und eine längere Wanderung vorziehen, aber für weniger gehtüchtige Ausflügler, für Rollstuhlfahrer oder Familien mit Kinderwagen ist der Lehrpfad eine gemütliche und aussichtsreiche Unternehmung.

Hambacher Schloss – Hohe Loog – Kalmit – Diedesfeld

Zur »Wiege der deutschen Demokratie«

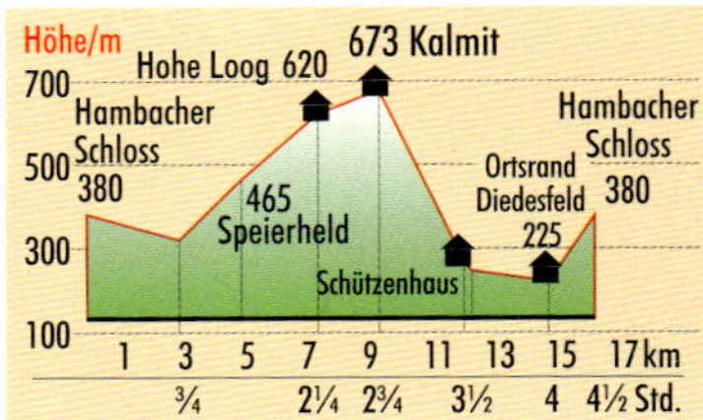

Ausgangspunkt: Das Hambacher Schloss liegt weithin sichtbar südlich von Neustadt an der Weinstraße. Stadtbusverbindung nach Neustadt, die PKW-Zufahrt ist ausgeschildert. Parkgelegenheit beim Schloss und entlang der Zufahrt (gebührenpflichtig).
Gehzeit: 4½ Stunden.
Charakter: Aussichtsreicher Höhenweg, einige kräftige Anstiege, mehrere Abkürzungsmöglichkeiten.
Einkehr: Hambacher Schloss, Hohe Loog (Hambacher Hütte), Kalmithaus, Schützenhaus bei Alsterweiler, Abstecher zur Klausentalhütte, Diedesfeld.
Wegmarkierungen: Roter Strich und roter Punkt zur Hohen Loog, roter Strich zur Kalmit, weiß-grüner Strich bis Einmündung in Wanderweg Deutsche Weinstraße, roter Strich bis Hambacher Schloss.
Karte: KOMPASS Nr. 766 und 1:25 000 Neustadt – Maikammer – Edenkoben – Landau.

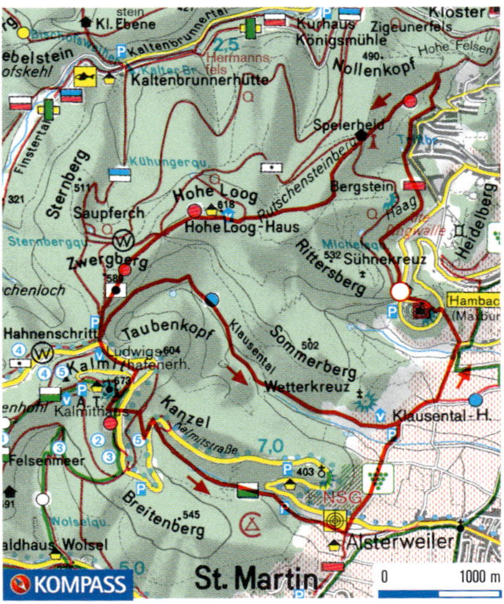

Direkt vor dem Hotel Ritterburg beim **Hambacher Schloss** übernimmt die Markierung roter Strich die Führung in Richtung Neustadt. Nach 5 Minuten passieren wir einen Fledermausstollen, verlassen den Hauptweg nach rechts und wandern durch den Wald leicht abwärts. Es geht an beneidenswerten Wohnlagen vorbei, bis wir in den von Neustadt herauf kommenden Wanderweg einmünden

Sendeanlagen auf der Kalmit.

(Wegweiser 2,7 km seit Hambacher Schloss). In spitzem Winkel zieht der Weiterweg mit dem roten Punkt nun bergan und erreicht den Rastplatz **Speierheld** (Schutzhütte). Immer wieder leicht ansteigend kommen wir über die Hohe Loog zur gastlichen **Hambacher Hütte** (Hohe Loog Haus). (Abkürzung: Wenige Minuten nach Passieren der Hütte bietet sich an der Wegkreuzung **Bildbaum** ein gut bezeichneter direkter Rückweg zum Hambacher Schloss an.) Bald darauf, beim Parkplatz Hahnenschritt, zeigen der blaue Punkt und ein Wegweiser zur Klausentalhütte eine weitere Abstiegsvariante an. »Gipfelstürmer« bewältigen jedoch den kurzen Anstieg zur **Kalmit**, dem höchsten Punkt des Pfälzerwaldes (roter Punkt), wo bereits die nächste Einkehrstätte wartet. Direkt an der Terrasse vor dem **Kalmithaus** beginnt der Abstieg über Treppen (weiß-grüner Strich, Wegweiser in Richtung Alsterweiler-Maikammer). An einem Kriegerdenkmal vorbei geht es steil abwärts. Unser Pfad unterquert bald die Kalmitstraße und schlängelt sich dann durch eine enge Schlucht talwärts. Kurz vor dem Schützenhaus (Gaststätte) erreicht er den Waldrand. Wir folgen dem Wanderweg Deutsche Weinstraße nach links und ein Stück weit dem Weinlehrpfad Maikammer. Bald ist der Ortsrand von **Diedesfeld** erreicht. Zwei bezeichnete Wege führen hinauf zum Schloss. Der interessantere beginnt wenige Meter rechts der Käsgasse und ist weiter mit dem roten Strich markiert. Es geht auf uraltem Steig noch einmal steil hinauf, bis unser Pfad wieder genau am Startpunkt unserer Rundwanderung landet.

Wie alle Burgen der Pfalz erlebte auch das **Hambacher Schloss** seit der Erbauung im 11. Jh. viele Zeiten der Plünderungen und Zerstörungen. Auch der Name der Burg (Kästenburg wegen der Kastanienwälder, Maxburg, weil sie im Besitz des bayrischen Kronprinzen Maximilian war), sah sich dem Wechsel unterworfen. Über die Pfalz hinaus wurde die Burg jedoch im Jahre 1832 bekannt. Das »Hambacher Fest« ging in die Geschichtsbücher ein, denn mehr als 30 000 Menschen forderten hier die Einigung Deutschlands und die Durchsetzung demokratischer Rechte. Unter dem Titel »Ein Fest für die Freiheit« existiert eine Dauerausstellung, die an die »Wiege der Demokratie« und an die Revolution 1848/49 erinnert. Sie ist vom 1. März bis 30. Oktober täglich von 10 bis 18 Uhr geöffnet.

Von Neustadt an der Weinstraße auf die Hohe Loog

Im Herzstück der Deutschen Weinstraße

Ausgangspunkt: Neustadt ist Verkehrsknotenpunkt mit guten Bahn- u. Busverbindungen nach allen Richtungen. Parkplatz beim Leibniz-Gymnasium an der Karolinenstraße.
Gehzeit: 3½ Stunden.
Charakter: Kräftiger Anstieg zur gastlichen Einkehr.
Einkehr: Neustadt, Hohe Loog.
Wegmarkierungen: Weißer Strich mit schwarzem Punkt bis Bildbaum, roter Punkt und örtliche Wegweiser zum Hohe-Loog-Haus (Hambacher Hütte), roter Punkt bis zum Herz-Jesu-Kloster bzw. weiter zum Bahnhof oder ab Kloster Abstieg zum Parkplatz am Leibniz-Gymnasium.
Karte: KOMPASS Nr. 766 und 1:25 000 Neustadt – Maikammer – Edenkoben – Landau.

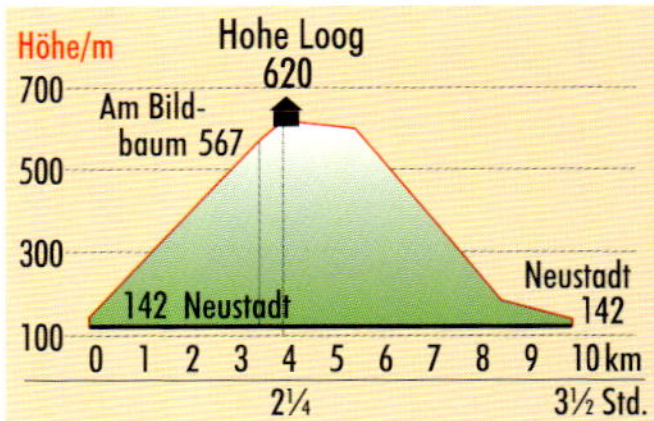

Wer vom **Bahnhof Neustadt** kommt, überschreitet die Bahnbrücke (Orientierungstafel des Pfälzerwald-Vereins, Wegweiser zur Jugendherberge), folgt dann aber der Karolinenstraße bis zum **Leibniz-Gymnasium** (15 Minuten ab Bahnhof). Gleich hinter den Schulgebäuden gabeln sich die Wanderwege. Wir halten uns an die Markierung weißer Strich mit schwarzem Punkt, wenden uns nach links und folgen der Von-Wißmann-Straße. An deren Ende führt der Wanderweg in den Wald hinein, und nach weiteren 500

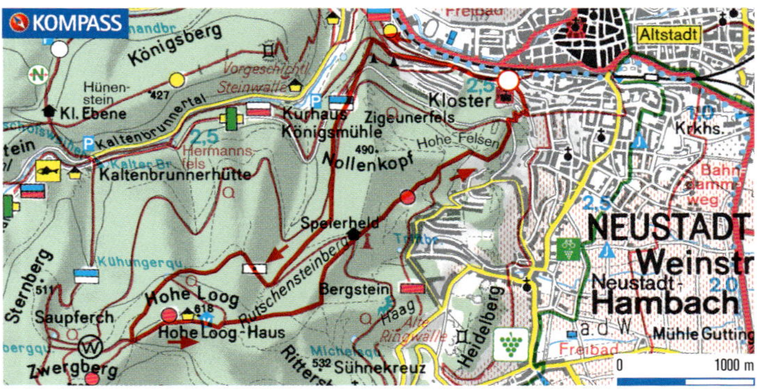

Das Hambacher Schloss.

Metern – dort wo der Weg eben wird – verlässt unser Wanderpfad den Hauptweg nach links. Er gewinnt schnell an Höhe und erreicht die **Kühhungerquelle** (kleiner Tümpel rechts des Wegs, ein hübsches Rastplätzchen). Bald öffnet sich eine schöne Fernsicht über die unzähligen Bergkuppen des Pfälzerwaldes, und wenig später ist der Bergsattel beim **Bildbaum** erreicht. Örtliche Wegweiser zur **Hambacher Hütte** (Hohe Loog) übernehmen die weitere Führung. Nach zehn Minuten taucht die gastliche Einkehrstätte des Pfälzerwald-Vereins hinter einer Wegbiegung auf. Seit mehr als 100 Jahren besteht die Hütte. Ein Angebot von mehr als 400 Sitzplätzen einschließlich der Terrasse lässt ahnen, dass hier an schönen Wochenenden echte Volksfeststimmung herrscht. Direkt bei der Hütte beginnt der mit dem roten Punkt bezeichnete Rückweg in Richtung Neustadt. Der Weg ist so gründlich markiert und ausgetupft, dass er auch nach einem guten Schoppen Pfälzerwein nicht verfehlt werden kann.

Über die **Hohe-Loog-Ebene** geht es allmählich abwärts. Wir erreichen über dem Stadtrand von Neustadt einen kleinen Friedhof und gleich darauf den **Conrad-Freytag-Blick** (Orientierungstafel, aber stark verwachsene Aussicht). Direkt vor dem Eingang zum **Herz-Jesu-Kloster** beginnt ein schmaler Pfad, der ohne weitere Bezeichnung direkt zum Parkplatz beim **Leibniz-Gymnasium** hinabführt. Der rote Punkt dagegen führt weiter in Richtung **Bahnhof**.

NEUSTADT ist der Mittelpunkt der Deutschen Weinstraße und mit einer Anbaufläche von mehr als 2300 Hektar die größte Weinbaugemeinde Deutschlands. Die Altstadt mit ihren malerischen Gassen und Winkeln wird von der Stiftskirche aus dem 14. Jh. überragt, auf deren Turm die größte Stahlglocke der Welt rund 1800 jährliche Sonnenstunden einläutet. Die Wanderung kann leicht über das **HAMBACHER SCHLOSS** (► Tour 9) ausgedehnt werden. Man geht von der Hohen Loog (Hambacher Hütte) wieder zurück bis zum Punkt Bildbaum. Dort ist der direkte Abstieg zum Hambacher Schloss angezeigt (2 km). Ab dort geht es mit dem roten Punkt in Richtung Neustadt bis zur Einmündung in den beschriebenen Weg. Die Wanderstrecke verlängert sich dadurch ohne zusätzlichen Anstieg um etwa 2 km.

Gimmeldingen – Forsthaus Benjental – Weinbiet

Wo sich schon die Römer des Weines erfreuten

Ausgangspunkt: Gimmeldingen, ein Stadtteil von Neustadt an der Weinstraße, liegt nördlich des Stadtkerns. Busverbindungen nach Neustadt und Bad Dürkheim, Bahnanschluss in Mußbach. Parkmöglichkeiten zwischen Kirche und Friedhof oder beim alten Sportplatz im Gimmeldinger Tal.
Gehzeit: 3½ Stunden.
Charakter: Aussichtsreiche Höhentour mit kräftigem Anstieg.
Einkehr: Gimmeldingen, Looganlage, Forsthaus Benjental, Weinbiethaus.
Wegmarkierungen: Rotes Dreieck bis Forsthaus Benjental, roter Punkt bis Weinbiet, blauer Punkt durch das Meisental, weiß-roter Strich (Kaiserweg) bis Gimmeldingen.

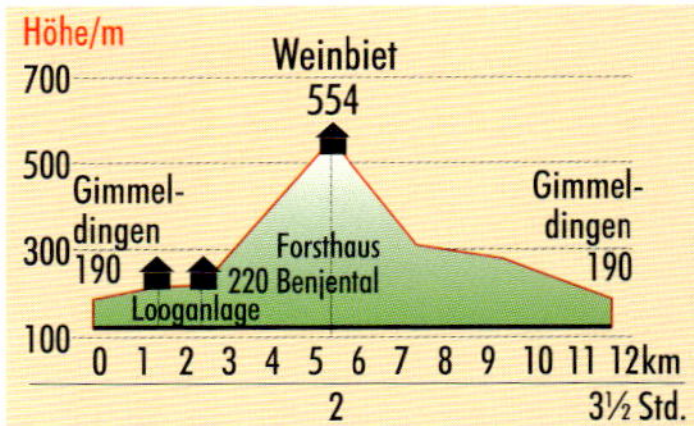

Im Jahre 1926 wurde in **Gimmeldingen** ein Heiligtum gefunden, das 325 n.Ch. zu Ehren des persischen Lichtgottes Mithras errichtet worden war. Es steht heute im historischen Museum der Pfalz in Speyer. Eine Nachbildung des Reliefs findet sich in der Loblocher Straße. Wie die Nachbarorte ist Gimmeldingen durch seine Weine bekannt geworden, von denen die »Meerspinne« weithin gerühmt wird. Einzigartig ist die Lage des Neustadter Stadtteils **Haard**, das sich als Sonnenbalkon über der Deutschen Weinstraße präsentiert.
Das **Weinbiet** wird auch bei Tour 29 erwandert.

Karte: KOMPASS 766; Neustadt–Maikammer–Edenkoben–Landau (1:25000).

Spielplatz beim Kalmithaus.

Durch die **Peter-Koch-Straße** und **Holzmühlstraße** gelangen wir zum Ortsrand am Sportplatz im Gimmeldinger Tal. Sollte in den engen Straßen des Weindorfes kein Parkplatz zu finden sein, so lässt sich die Wanderung auch hier beginnen. Mit der Markierung rotes Dreieck wandern wir am Mußbach entlang durch das Gimmeldinger Tal. Ein Mahlstein und überwachsene Mauerreste erinnern noch an die 1900 stillgelegte Neumühle. Nach 20 Minuten gelangen wir zur Gaststätte **Looganlage** und gleich darauf zum ebenfalls bewirtschafteten **Forsthaus Benjental** (früher Wappenschmiede, 1699 erbaut, 1860 abgebrannt). Nun wendet sich der Pfad nach links und gewinnt in anfänglich recht steilen Serpentinen am »Steinernen Hai« und am Loosenbrunnen vorbei schnell an Höhe. Während des ganzen Anstiegs halten wir uns an die zuverlässige rote Punktmarkierung und kommen schließlich zum **Weinbiethaus** des Pfälzerwald-Vereins.

Der Aussichtsturm, hoch überragt vom Sendemast des SWR, bietet eine umfassende Rundsicht. Der gut markierte Abstieg ist nicht zu verfehlen. Er beginnt beim Weinbiethaus und führt durch das Meisental hinab. Das letzte Wegstück folgt dem rot-weißen Strich in schönster Aussichtslage und bringt uns in 1½ Wanderstunden seit Weinbiet über den Kaiserweg nach Gimmeldingen zurück.

12

Deidesheim – Michaelskapelle – Heidenlöcher – Wachtenburg – Wachenheim

Spuren uralter Geschichte und berühmte Weinlagen

Ausgangspunkt: Deidesheim liegt zwischen Neustadt an der Weinstraße und Bad Dürkheim. Gute Bus- und Bahnverbindungen nach beiden Richtungen. Zufahrt zum Wanderparkplatz Sensental durch »Im Kaisergarten«, Abzweig in Höhe Weingut Deinhard am nördlichen Ortsausgang.
Gehzeit: 3 Stunden.
Charakter: Interessante Rundtour mit schönen Aussichtspunkten.
Einkehr: Deidesheim, Wachtenburg, Wachenheim.
Wegmarkierungen: Roter Punkt bis Ortsrand Wachenheim, roter Strich und Traubenmarkierung bis zum Zielpunkt.
Karte: KOMPASS Nr. 766 und 1:25 000 Bad Dürkheim und Umgebung.

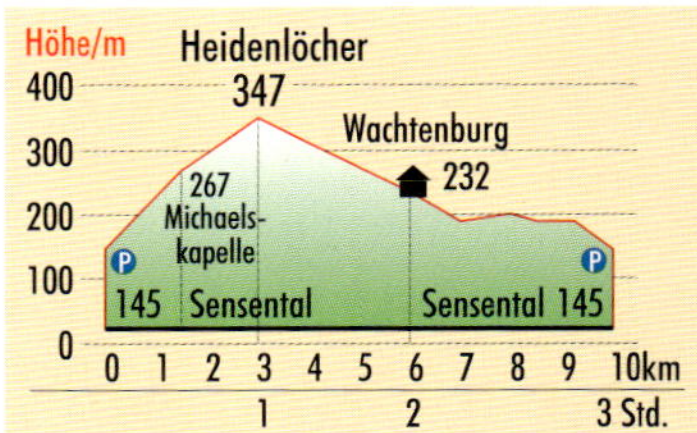

Ein Ortsrundgang durch **Deidesheim** sollte die Deichelgasse einschließen, in der vor jedem Haus mindestens ein Feigenbaum steht. Die Zufahrt zum Parkplatz führt am bedeutendsten Bildstock der Pfalz vorbei, der wohl auf eine Stiftung aus dem Jahre 1431 zurück geht. Die spätgotische Michaelskapelle am Haardtrand über Deidesheim war längst zerfallen und wurde vor rund 50 Jahren neu errichtet. Die Heidenlöcher erinnern an kriegerische Zeiten im 9. oder 10. Jh. Hier entstanden in einer Fliehburg 65 Steinhäuser, in denen die Menschen Schutz vor den durchziehenden Normannen oder Ungarn suchten. Der Ringwall um dieses einzigartige Kulturdenkmal ist noch erhalten.

Die Wachtenburg bei Wachenheim.

Der gut bezeichnete Anstieg zur **Michaelskapelle** ist schon nach rund 20 Minuten geschafft. Hier bietet sich ein idealer Rastplatz mit herrlicher Aussicht an.
Eine Informationstafel berichtet über die wechselhafte Geschichte der Kapelle, die auf den Grundmauern einer uralten Kultstätte steht. Der Weiterweg zu den **Heidenlöchern** knickt zweimal vom Hauptweg nach rechts ab, ist aber lückenlos markiert. Unsere Route führt mitten durch die Anlage der Fliehburg, aber auch auf dem Ringwall hat sich ein Pfad gebildet. Wir folgen weiter dem roten Punkt und erreichen nach 30 Minuten seit Heidenlöcher eine Weggabelung. Dort erwartet uns eine Sitzgruppe mit Hinweis, dass diese im Jahre 2003 »eingesessen« wurde.
Unser Weiterweg nach rechts ist zusätzlich mit dem roten Dreieck und einem Wegweiser nach Wachenheim versehen. Bald ist die Weinberggrenze über Wachenheim erreicht. Der Abstieg zieht direkt an der Burg vorbei (Schlossgasse). Am Ortsrand von Wachenheim biegen wir rechts ab (Straße Hauenstein/Am Riedbrunnen). Nun befinden wir uns auf dem Wanderweg Deutsche Weinstraße. Er folgt in leichtem Auf und Ab der Waldgrenze über dem Rebenmeer und bringt uns entlang berühmter Weinlagen zum Ausgangspunkt zurück.

Deidesheim – Eckkopf – Weißer Stich – Waldschenke im Mühltal

Wo die Prominenz den Saumagen serviert bekam

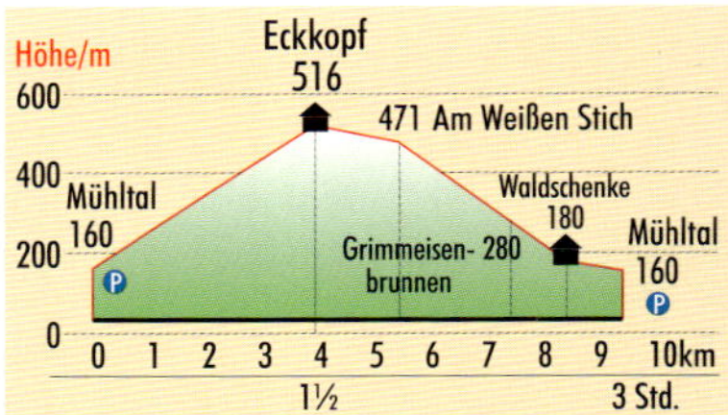

Ausgangspunkt: Deidesheim liegt zwischen Neustadt an der Weinstraße und Bad Dürkheim. Gute Bus- und Bahnverbindungen nach beiden Richtungen. Die Parkflächen im Ort sind knapp (Marktplatz oder Königsgartenstraße). *Günstiger:* Durch die Heumarktstraße und Deichelgasse auf Weinbergweg zum Waldrand; dort befindet sich der Wanderparkplatz Mühltal mit Wandertafel des Pfälzerwald-Vereins.
Gehzeit: 3 Std.
Charakter: Aussichtsreiche Waldrunde auf schönen Wegen.
Einkehr: Deidesheim, Eckkopf, Waldschenke im Mühltal (Deidesheimer Hütte).
Wegmarkierungen: Weiß-blauer Strich bis Eckkopf, weißer Punkt bis Weißer Stich, blau-gelber Strich bis Parkplatz.

Der weitbekannte Weinort DEIDESHEIM verweist gerne auf seine illustren Gäste wie Gorbatschow oder Großbritanniens Premier Margaret Thatcher und andere, die hier im Gefolge des Pfälzers Helmut Kohl in die Geheimnisse der Pfälzer Küche eingeweiht wurden. Eine besondere Attraktion ist die alljährliche Geißbockversteigerung, die an jedem Pfingstdienstag stattfindet.
Der Brauch geht auf ein uraltes Weiderecht zurück, das die Lambrechter Bürger verpflichtet, jedes Jahr einen Geißbock, der »gut gehörnt und gut gebeutelt« sein muss, nach Deidesheim zu liefern. Das traditionelle Spektakel hat sich zu einem beliebten Volksfest entwickelt.

Schon wenige Minuten nach Verlassen des Parkplatzes Mühltal knickt der Wanderweg scharf

rechts ab und erfordert ein wenig Aufmerksamkeit. Dies gilt für die ganze Rundtour, weil unsere Route mehrmals den Hauptweg verlässt (leicht zu übersehen, wenn man in Gespräche - oder Gedanken - versunken ist). Der leicht ansteigende Pfad quert einen Fahrweg und erreicht einen schönen Rastplatz über Deidesheim (Sitzgruppe). Dann wird der Weg steiler und zieht hinauf zum Aussichtsturm auf dem **Eckkopf**.
Dort bietet sich ein überdachter und windgeschützter Rastplatz an: der Turm ist immer zugänglich. Die Einkehrmöglichkeiten sind zeitlich begrenzt (siehe Hinweis auf Öffnungszeiten Seite 18).
Beim Abstieg folgen wir zunächst dem weißen Punkt bis zum **Weißen Stich** (Schutzhütte).
Hier hat sich die Streckenführung geringfügig verändert, die Markierung ist jedoch lückenlos. Ein schöner Pfad (blau-gelber Strich) folgt dem Weinbach talwärts zum **Grimmeisenbrunnen** (Rastbank um die runde Quellfassung). Für das letzte Wegstück bis zur Waldschenke Mühltal (Deidesheimer Hütte) und zum Waldrand kann auch das tief eingeschnittene Bachbett gewählt werden, denn dort prasseln im Herbst die Edelkastanien und füllen schnell die Taschen.

Bild oben: Der Deidesheimer Hof, Treffpunkt der Politprominenz in der Kohl-Ära;
Bild unten: Spätgotischer Bildstock am Grain bei Deidesheim aus dem Jahre 1431.

Auf Rundwegen um Freinsheim

Mittelalterliches Städtchen im Blütenmeer

Ausgangspunkt: Freinsheim liegt etwa 8 km nordöstlich von Bad Dürkheim. Bahn- und Busverbindungen in Richtung Grünstadt-Ludwigshafen und Bad Dürkheim-Neustadt. Parkplätze »Historische Altstadt«.
Gehzeit: Stadtmauer-Rundweg 1 Std. Musikantenbuckel-Wanderweg, Wanderweg Schwarzes Kreuz und Blütenwanderweg je etwa 2 Std.
Charakter: Gemütliche aber fast schattenlose Rundwege.
Einkehr: Großes Angebot in Freinsheim.
Wegmarkierungen: Stadtmauer-Rundweg: Örtliche Wegweiser. Musikantenbuckel-Wanderweg: Weinbergpfahl mit Musikantensymbol. Wanderweg Schwarzes Kreuz: Weinbergpfahl mit Symbol Bildsäule. Blütenwanderweg: Weinbergpfahl mit Blütensymbol.
Karte: KOMPASS Nr. 766 und 1:25000 Bad Dürkheim und Umgebung.

Stadtmauer-Rundweg:
Der kurze und bequeme Rundgang (1,3 km) wird zur interessanten Entdeckungstour und gibt Einblick in romantische Höfe und

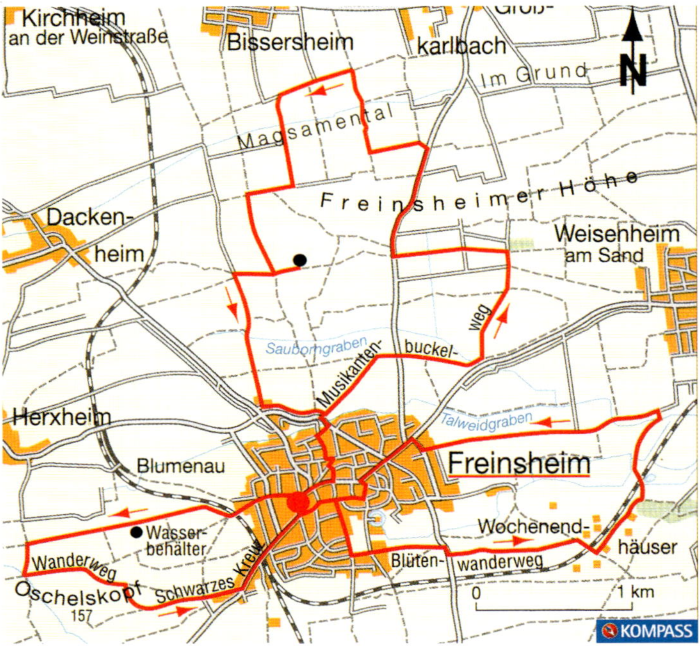

Ecken, deren südländisches Flair an Südtirol oder die Toskana erinnert. Wegweiser zeigen den Zugang an.

Musikantenbuckel-Wanderweg: Der Name erinnert an die Wandermusikanten aus der Westpfalz, die vor Antritt ihrer oft langen Reisen in alle Welt hier Station machten und zum Abschied auf dem Hügel ein Ständchen darbrachten. ***Ausgangspunkt:*** Über die Alzeyer Straße via Sportplatz.

Wanderweg Schwarzes Kreuz: Der Rundweg berührt den uralten Kastanienhain am Hahnenweg (Naturdenkmal), den romanischen Friedhofsturm und das Fragment einer Kapelle aus dem 12. Jh. ***Ausgangspunkt:*** Über die Hauptstraße und Herxheimer Straße zum Holzweg.

Blütenwanderweg: Der Name enthält schon die Empfehlung für die Jahreszeit. Der Weg zieht durch die ausgedehnten Obsthaine und im Frühjahr durch ein einzigartiges Blütenmeer. ***Ausgangspunkt:*** Über die Badstraße zur Erpolzheimer Straße.

Bilder vom mittelalterlichen Freinsheim.

FREINSHEIM liegt inmitten eines Wein- und Obstgartens und gilt als guter Tipp, wenn man »viel typische Pfalz auf engem Raum« bei einem Tagesausflug sehen und erleben will. Die Stadtmauern und Wehrtürme entstanden vermutlich zwischen 1400–1514 und zählen zu den am besten erhaltenen Anlagen der Pfalz. Auch der älteste deutsche Obstgroßmarkt (1874 eingerichtet) entstand in Freinsheim und verrät etwas über die Bedeutung des Umlandes für den Wein- u. Obstanbau. Die empfohlenen Rundwege um das Städtchen führen durch fast schattenlose Weinlagen und Obsthaine und sind im Frühjahr zur Zeit der Baumblüte besonders reizvoll. Durch Maßnahmen der Flurbereinigung können sich kleine Veränderungen in der Streckenführung ergeben.

15

Der Kurpfalz-Park bei Wachenheim

Eltern wissen längst, dass lange Wanderstrecken durch den Wald, und sei der Weg noch so idyllisch, meist nicht das große Erlebnis für die lieben Kleinen sind. Da sollte wenigstens eine Burg, eine Höhle oder ein Aussichtsturm angesteuert werden. Besondere Höhepunkte einer Wanderung sind für Kinder auch immer die unvermuteten Begegnungen mit Tieren in freier Wildbahn. Allerdings sind solche Zusammentreffen selten und zufällig, denn eine lachende und schwatzende Kinderschar lockt nicht gerade das scheue Rehwild an den Waldrand. Bei einem Besuch des Kurpfalz-Parks ist das aber ganz anders. Auf einem Teil des 700 000 qm großen Geländes tummeln sich Damhirsche und Rotwild, Mufflons und Sikawild. Manche warten auf eine Streicheleinheit, Luchse und Wildschweine sind dagegen in großzügigen Gehegen untergebracht. Eine besondere Attraktion bietet die Greifvogel-Freiflugschau mit Falken und Adlern, die von Juni bis August nicht nur die Kleinen begeistert. Neben den Begegnungen mit Tieren bieten sich aber auch viele Fahr-, Spiel- und Abenteuermöglichkeiten, die auf engem Raum gar nicht alle aufzuzählen sind. Da lockt die größte Rodelbahn in Rheinland-Pfalz, da flitzt eine Rollerbobbahn durch das Gelände und pflügen die Schwanentretboote über den See. Ein riesiger Kinderspielplatz erfüllt alle Erwartungen, und in der

Bilder aus dem Kurpfalz-Park bei Wachenheim.

Ferienzeit lockt zudem ein Puppentheater das Publikum an. Ein 5,6 km langer Rundweg erschließt einen guten Teil des Geländes und ist für Kinderwagen ebenso geeignet wie für Rollstuhlfahrer. Natürlich ist auch für das leibliche Wohl der Gäste gesorgt. Dabei reicht das Angebot vom kleinen Imbiss bis zum Menü im Restaurant »Forsthaus Rotsteig«. Der Kurpfalz-Park ist auch außerhalb der Saison bei ermäßigten Eintrittspreisen geöffnet und muss nur bei Eisglätte geschlossen werden. Die Zufahrt zum Kurpfalz-Park Wachenheim ist im weiten Umkreis beschildert. Auskunft über Öffnungszeiten und Eintrittspreise erfolgt über Telefon 06325 9590-10 oder www-kurpfalz.de.

Eine nicht zu anstrengende und recht kurze Wanderung bietet sich vom höchstgelegenen Parkplatz vor dem Kurpfalz-Park an. Hier weist uns das rote Dreieck den Anstieg zum **Eckkopfturm** (516 m). Der Höhenunterschied hält sich in Grenzen, da der Ausgangspunkt schon über 300 m Meereshöhe liegt. Der Aufstieg braucht keine Beschreibung, es ist nur darauf zu achten, dass der Wanderpfad nach 15 Minuten gut markiert nach rechts abzweigt. Am Eckkopfturm bietet sich an Wochenenden eine Einkehrmöglichkeit mit wechselnden Öffnungszeiten. Hier sei auf das Hüttenverzeichnis bzw. die Bände »Hüttenzauber« hingewiesen (s. Seite 18), wo Kontaktadressen zu einer sicheren und aktuellen Auskunft verhelfen. Der Rückweg vom Turm führt mit weißem Punkt über einen schönen Hangweg zum Weißen Stich und mit rot-weißem Strich schnell wieder zurück zum Ausgangspunkt.

Bad Dürkheim – Limburg – Hardenburg – Forsthaus Kehrdichannichts

Zeugen einer langen Geschichte

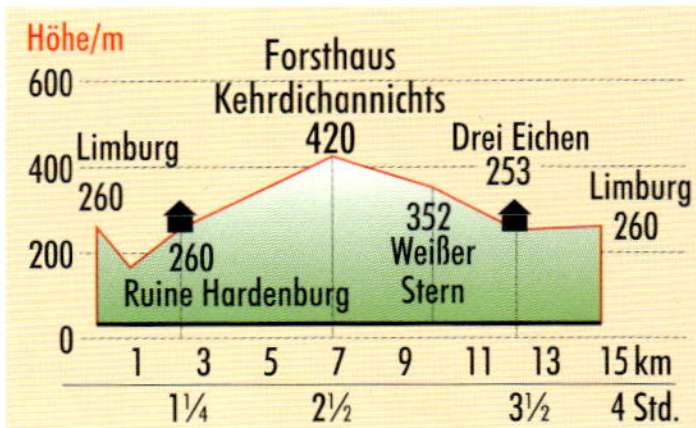

Ausgangspunkt: Gute Bahn- u. Busverbindungen nach Bad Dürkheim, direkte Verbindung mit dem Raum Ludwigshafen-Mannheim durch die Rhein-Haardt-Bahn. Großer Wanderparkplatz bei der Limburg, die Zufahrt ist ab Bad Dürkheim gut beschildert. Wer vom Bahnhof kommt, geht in westl. Richtung durch die Leininger- u. Schillerstraße oder benutzt den Stadtbus.
Gehzeit: 4 Std.
Charakter: Schöne Wege, imposante Ruinen, einige Steigungen.
Einkehr: Limburg, Ruine Hardenburg.
Wegmarkierungen: Blauer Strich und Wegweiser zur Burg Hardenburg, gelbes Kreuz bis Forsthaus Kehrdichannichts, weiß-blauer Strich über Hammelbrunnen zu Drei Eichen, weißer Strich mit schwarzem Punkt und blauer Strich bis Limburg.
Karte: KOMPASS Nr. 766 und 1:25 000 Bad Dürkheim und Umgebung.

Blick zur Limburg.

Vom Parkplatz bei der **Limburg** gehen wir am **Jost-Denkmal** neben der Ruine 100 m geradeaus, dann führt der Wanderweg hinab zur Zufahrtsstraße und auf dieser kurz abwärts bis zur Bus-Wendeplatte. Dort biegen wir rechts ab (Wegweiser Burg Hardenburg 2,5 km). Der Talgrund wird beim Schlangenweiher (Amphibien-Schutzgebiet) gequert. Wir folgen dem ansteigenden Pfad, bleiben auf etwa gleicher Höhe (nicht zum Dorf Hartenberg absteigen) und stehen bald vor der **Burg Hardenburg**. Nach der Besichtigung verlassen wir die imposante Ruine durch den Bogendurchlass am massigen Turm. Hier gabeln sich die Wege. Wir steigen links aufwärts und folgen dem gelben Kreuz (Wegweiser in Richtung Kehrdichannichts - Lambertskreuz). 20 Min. nach Verlassen der Hardenburg passieren wir einen meist mächtig gurgelnden Waldquell - hübsche Rastmöglichkeit. Einige Minuten später heißt es aufpassen, denn unser Wanderpfad knickt unvermittelt nach rechts ab, führt durch Birkenwald und bringt uns in einer Wanderstunde seit der Hardenburg zum **Forsthaus Kehrdichannichts**. Der weiß-blaue Strich weist den Abstieg zum Hammelbrunnen, auf der Gegenseite steigen wir kurz an zum **Weißen Stein**. Nun folgen wir dem weißen Strich mit schwarzem Punkt, der gleich nach links vom Hauptweg wegführt. Bei Fischteichen queren wir den Talgrund und kommen zum **Wanderparkplatz Drei Eichen**. Das letzte Wegstück folgt dem blauen Strich und örtlichen Wegweisern zum Startpunkt bei der Limburg.

Die Klosterruine **Limburg** erinnert an die lange Geschichte, die bis ins Jahr 1030 zurückreicht. Trotz Zerstörungen und Plünderungen blieben romanische und gotische Bauelemente erhalten. Für Freilichtaufführungen und Konzerte bildet die bauhistorisch interessante Ruine eine ideale Kulisse. Der alte Stammsitz Hardenburg wurde zwar im Jahr 1794 durch das französische Revolutionsheer zerstört, die Ruine zählt aber zu den größten Anlagen der Pfalz. Umfangreiche Renovierungen wurden im Jahre 2000 abgeschlossen, die Burg kann gegen Eintrittsgebühr besichtigt werden und ist montags geschlossen.

Kehrdichannichts – Murrmirnichtviel – Schaudichnichtum – die eigenartigen Namen für noch bestehende oder ehemalige Forsthäuser werfen Fragen auf.

August Becker: »Alle diese Bauten verdanken Namen und Entstehung dem 18. Jh. und den Reibereien, Eifersüchteleien und Streitigkeiten der leiningischen Jäger mit ihren Nachbarn, den kurpfälzischen Jägern von Neidenfels«.

Bad Dürkheim – Annaberg – Bärbelhof – Forsthaus Weilach – Teufelsstein

Keltische Fliehburg und römische Weinkelter

Ausgangspunkt: Bad Dürkheim ist ein wichtiger Verkehrsknotenpunkt. Direkte Verbindung mit dem Raum Ludwigshafen-Mannheim durch die Rhein-Haardt-Bahn. Der riesige Wurstmarkt-Festplatz bietet reichlich Parkmöglichkeit, wenn nicht gerade im September das größte Weinfest der Welt stattfindet.

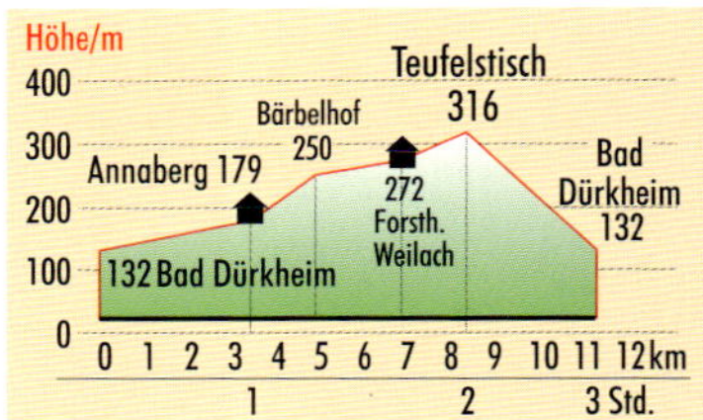

Gehzeit: 3 Std.

Charakter: Aussichtsreicher, wenig anstrengender Rundweg auf geschichtlichen Spuren.

Einkehr: Bad Dürkheim, Annaberg, Forsthaus Weilach.

Wegmarkierungen: Weintraube (Wanderweg Deutsche Weinstraße) bis Bärbelhof, unmarkiert auf Fahrsträßchen nach links bis Abzweig Forsthaus Weilach, roter Strich und ab Forsthaus gelb-weißer Strich bis Schlagbaum, blauer Strich und örtliche Wegweiser bis Ausgangspunkt.

Karte: KOMPASS Nr. 766 und 1:25 000 Bad Dürkheim und Umgebung.

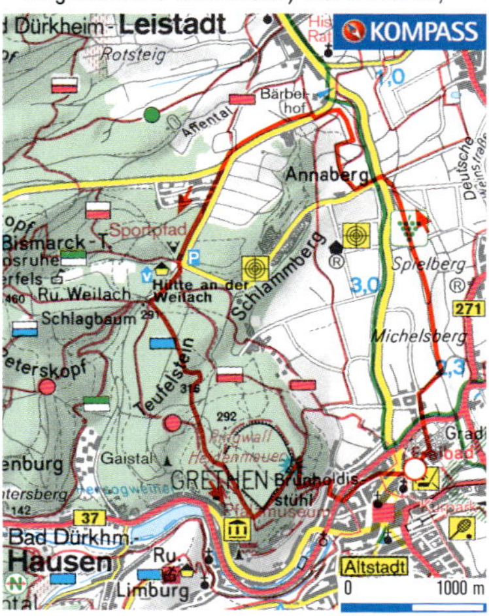

Wir queren beim **Festplatz** von Bad Dürkheim die Fahrstraße und gehen neben dem Gasthaus Sachsenhütte durch die gleichnamige Straße. Der mit der Weintraube markierte Wanderweg steigt leicht an und führt über einen flachen aber aussichtsreichen Höhenrücken nach Norden. Der ganz kurze Abstecher zur **Michaelskapelle** sollte nicht ausgelassen werden. Dort öffnet sich ein schöner Blick über die Stadt Bad Dürkheim. Bald darauf bietet sich der Abstecher zur erwähnten römischen Kelteranlage an, der Zu-

Der sagenumwobene Teufelsstein.

gangsweg ist gut markiert. Wenig später queren wir die Fahrstraße nach links, folgen dann aber nicht dem Radweg, sondern gehen noch einige Schritte weiter bis zur Mauer vor dem Gasthof Annaberg. Entlang der Mauer geht es auf die vor uns liegenden Felsen zu (die Markierung war hier bei der letzten Begehung recht dürftig). Die Felsen werden rechts umgangen, dann ist der **Bärbelhof** an der Fahrstraße erreicht. Wir folgen dem Sträßchen nach links in Richtung des weithin sichtbaren Bismarckturms bis zu einem Parkplatz. Dort biegen wir links ab (Wegweiser Forsthaus Weilach), das wir nach 15 Minuten erreichen. Gleich darauf stehen wir am **Schlagbaum**, bei dem sechs Wanderwege einmünden.

Der blaue Strich begleitet den kurzen leichten Anstieg zum **Teufelstisch**. Der gewaltige Felsklotz war schon immer Gegenstand abenteuerlicher Sagen und Geschichten. Wahrscheinlich handelt es sich um eine vorgeschichtliche Kultstätte. Wir wandern weiter zur **Kaiser Wilhelms Höhe**, wo wir links abbiegen und weiter dem blauen Strich folgen. Über Treppen und in mehrfach abknickender Richtung kommen wir zum Stadtrand. Auf der Vigilienstraße geht es ganz kurz nach links, dann folgt über die Sonnwend- und Leistadter Straße das letzte Wegstück zum Parkplatz.

Die Pfalz war in vorgeschichtlicher Zeit oft Durchzugsgebiet feindlicher Stämme oder räuberischer Horden. Um sich vor Überfällen zu schützen, bauten die Menschen Fliehburgen in möglichst unzugänglichem Gelände, die in Notfällen aufgesucht wurden, aber nicht ständig bewohnt waren. Erst später entstanden daraus wohl auch Wohnsiedlungen. Deshalb ist es meist nicht möglich, die ursprüngliche Anlage zu datieren. Die **Heidenmauer** über Bad Dürkheim stammt wahrscheinlich aus der Keltenzeit und entstand 400 bis 500 Jahre vor Christus. Die Mauern der riesigen Anlage hatten eine Stärke von etwa 6 Metern und boten Zuflucht für Menschen, Vieh und Habe.

Im Jahre 1981 wurde am Weilberg über Ungstein eine römische **Tretkelter** neben einem Herrenhaus ausgegraben. Sie gilt als die größte der bisher entdeckten Anlagen dieser Art nördlich der Alpen und kann besichtigt werden.

Forsthaus Lindemannsruhe – Weisenheimer Hütte am Ungeheuersee – Hütte an der Weilach – Bismarckturm

Eine völlig »geheure« Tour

Ausgangspunkt: Das Forsthaus Lindemannsruhe liegt nördlich von Bad Dürkheim an der engen Fahrstraße zwischen Leistadt und Höningen (L518). Großer Wanderparkplatz am Startpunkt.
Gehzeit: 3 Std.
Charakter: Abwechslungsreiche Rundtour auf angenehmen Wegen.
Einkehr: Forsthaus Lindemannsruhe, Weisenheimer Hütte, Hütte an der Weilach, Bismarckturm (Kiosk).
Wegmarkierungen: Weiß-blauer Strich, nach etwa 35 Minuten grünes Kreuz bis Ungeheuersee (Weisenheimer Hütte), weiß-roter Strich bis Hütte an der Weilach, grün-weißer Strich über Bismarckturm zum Ausgangspunkt.

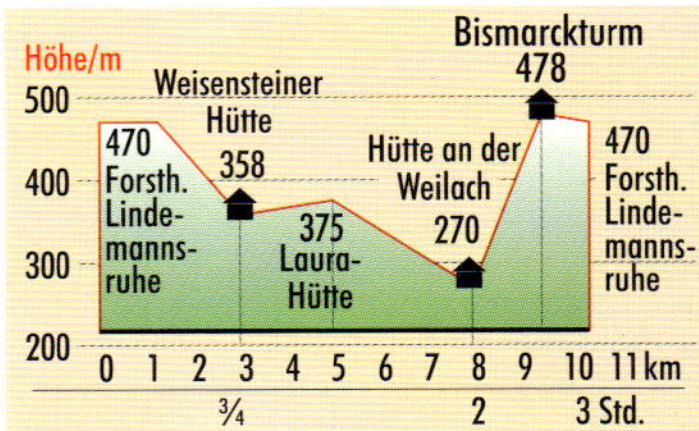

Karte: KOMPASS Nr. 766 und 1:25 000 Bad Dürkheim und Umgebung.

Am unteren Ende des geräumigen Parkplatzes (Sitzgruppe mit großer Tafel aus dem Jahr 2001, die das »Pfälzer-Gebet« vorstellt) übernimmt zunächst die weiß-blaue

Strichmarkierung die Führung über angenehm weiche Waldpfade. Schon nach wenigen Gehminuten knickt der gut bezeichnete Weg rechts ab (Wegweiser Drahtzug).
Nach etwa 35 Minuten münden wir in den mit einem grünen Kreuz markierten Weg ein, der nach rechts in Richtung Weisenheim führt und uns zur **Weisenheimer Hüt-**

Der Bismarckturm.

te geleitet. Sie liegt direkt am **Ungeheuersee** und verzeichnet als beliebtes Wanderziel an Wochenenden immer viele Besucher. Vom See aus folgen wir dem weiß-roten Strich und schon nach 5 Minuten gilt es zu entscheiden, ob die Variante nach Leistadt eingeschlagen werden soll (s. Beschreibung am Schluss). Folgt man jedoch weiter dem weiß-roten Strich, führt unser Weg an der **Laura-Hütte** vorbei. Die steinerne Schutzhütte aus dem Jahre 1845 weist ein eigenartiges Säulenportal auf. Ein angesehener Bürger soll das Bauwerk seiner Gattin gewidmet haben. Schon damals gab es also romantische Männer! Wir passieren eine schöne Wochenend-Siedlung am Waldrand und stoßen bald darauf an einer Wegkreuzung auf den mit grünem Punkt markierten Weg, der von Leistadt heraufkommt. (Er führt als Abkürzer schnell zum Parkplatz zurück.) Geradeaus aber (rot-weißer Strich) wird das Fahrsträßchen gequert, und bald bietet die **Hütte an der Weilach** (auch Dürkheimer Hütte genannt) die nächste Einkehrmöglichkeit. Das letzte Wegstück führt hinauf zum 40 m hohen **Bismarckturm**, der im Jahre 1903 im protzigen Stil seiner Zeit erbaut wurde. Wenig später ist unser Ausgangspunkt erreicht.

Die (kurz nach dem See) erwähnte Variante folgt an der dortigen Wegkreuzung dem grünen Punkt und führt auf aussichtsreichem Weg hinab zum beliebten Ausflugsort **Leistadt**.

Der Rückweg steigt wieder zum **Forsthaus Weilach** an (roter Strich) und mündet bei der Hütte an der Weilach wieder in unseren Weg ein.

Die Variante verlängert die Wanderung um eine gute Stunde mit etwa 160 Höhenmetern.

Zur Herkunft des schauerlichen Namens »**UNGEHEUERSEE**« gibt es verschiedene Deutungen, ein Zusammenhang mit den schottischen Loch-Ness-Fantasien lässt sich jedenfalls nicht konstruieren. Die Wasserfläche ist seit dem Jahre 1599 nachgewiesen. Der kleine, völlig harmlose See steht unter Naturschutz und weist als Besonderheit zwei kleine, schwimmende Torfinseln auf. Das streng geschützte Biotop ist Rückzugsgebiet für eine Vielzahl seltener Pflanzen und Libellenarten. Es ist stark gefährdet, zumal der See in regenarmen Jahren fast austrocknen kann. Deshalb ist es auch verboten, die Uferzonen zu betreten.

19

Saupferch – Drachenfels – Lambertskreuz

Wo vor Zeiten der Lindwurm hauste

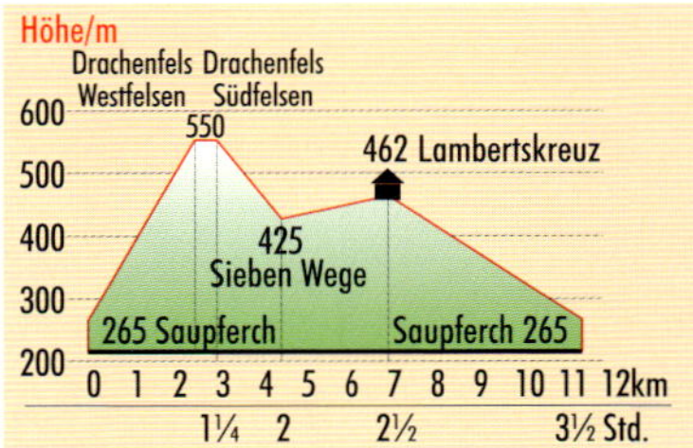

Ausgangspunkt: Keine öffentlichen Verkehrsmitteln zum Startpunkt. Pkw-Zufahrt: ab B 37 von Bad Dürkheim kommend nach Passieren der Hotel-Pension Wolfental links ab (Wegweiser Saupferch). Auf holprigem Stichsträßchen 2 km bis Parkplatz beim Gasthaus Saupferch.
Gehzeit: 3½ Std.
Charakter: Gute Wege zu schöner Felsszenerie und gastlicher Einkehrstätte.
Einkehr: Gasthaus Saupferch, PWV-Haus Lambertskreuz.
Wegmarkierungen: Örtliche Rundwegmark. 2 und 3 und blauer Strich bis Drachenfels, dort Wegweiser zum Südfelsen. Abstieg mit blauem Strich bis Einmündung in Wanderweg blau-weißer Strich. Damit über Sieben Wege nach Lambertskreuz. Blau-roter Strich durch das Dreibrunnental zum Ausgangspunkt.
Karte: KOMPASS Nr. 766 und 1:25000 Bad Dürkheim und Umgebung.

Vom Parkplatz Saupferch aus geht es direkt an der nahen Gaststätte vorbei. Unser Wanderweg mit der blauen Strichmarkierung biegt bald nach rechts vom Hauptweg ab (Mark. beachten!). Nun folgt 1 Std. Steigarbeit auf schönem Sandweg, bis sich vom Westfelsen des **Drachenfels** ein weiter Rundblick über das Wäldermeer des nördlichen Pfälzer-

Das Lambertskreuz.

In der Drachenkammer, einer interessanten Höhlenbildung am **DRACHENFELS**, hauste nach alter Sage der schaurige Lindwurm, den Siegfried, der Held der Nibelungensage, hier erschlagen hat. Eindrucksvoll sind die uralten Baumbestände im 13 Hektar großen Naturschutzgebiet um den Drachenfels, wenn auch die verheerenden Stürme des Jahres 1990 Wunden geschlagen haben, die erst ganz allmählich vernarben. Der Drachenfels sollte nicht mit dem gleichnamigen Felsennest zwischen Bad Bergzabern und Dahn verwechselt werden. Der Stein am Lambertskreuz stammt wohl aus dem 8. oder 9. Jh. und ist dem heiligen Lambertus geweiht. Er kennzeichnet eine uralte Wegkreuzung aus der Römerzeit.

waldes öffnet. Der Wanderweg führt über den Sporn des Drachenfels durch das Naturschutzgebiet mit seinen uralten Baumbeständen. Hobbyornithologen finden hier ein interessantes Beobachtungsfeld, denn viele Vogelarten haben sich in den alten Bäumen buchstäblich »eingenistet«. Alte Urkunden berichten auch, dass hier im Jahre 1911 der letzte Schlangenadler der Pfalz abgeschossen wurde.

In Höhe der **Drachenhöhle** zeigt ein Wegweiser den kurzen und lohnenden Abstecher zum **Südfelsen** an, wo sich ein feiner Rastplatz anbietet.

Nun folgt der Abstieg, der unterhalb der Felsenbastion entlang zieht und bald den Pfad mit gelbrotem Strich aufnimmt. Wir halten uns links und erreichen nach wenigen Schritten den Punkt **Sieben Wege**. Ein breiter Sandweg steigt nun langsam an und führt in weitem Bogen am **Nadenbrunnen** vorbei zum **Lambertskreuz**. Direkt beim Wanderheim beginnt der Abstieg (blau-roter Strich, Wegweiser Saupferch 4,5 km).

Nach ca. 30 Min. Gehzeit verlässt die Wegmarkierung den Hauptweg und folgt dem schmalen Pfad, der wenige Meter über der Sohle des **Dreibrunnentales** zum Ausgangspunkt **Saupferch** zurückführt.

20

Vom Klosterdorf Höningen zum Rahnfelsen

Hohe Aussichtswarte über Bad Dürkheim

Ausgangspunkt: Höningen liegt am Nordrand des Pfälzerwaldes, südlich von Altleiningen, nahe der Autobahnausfahrt Wattenheim an der A6. Zufahrt auch über das reizvolle Fahrsträßchen ab Leistadt bei Bad Dürkheim. Parkgelegenheit oberhalb der Klosterruine an der Ortsausfahrt in Richtung Leistadt.
Gehzeit: 3 Std.
Charakter: Ruhige, wenig anstrengende Rundtour auf schönen Waldwegen.
Einkehr: Höningen.
Wegmarkierungen: Grünes Kreuz und roter Punkt bis Rahnfelsen, weißes Dreieck bis Höningen.
Karten: KOMPASS Nr. 766 und 1:25 000 Bad Dürkheim und Umgebung.

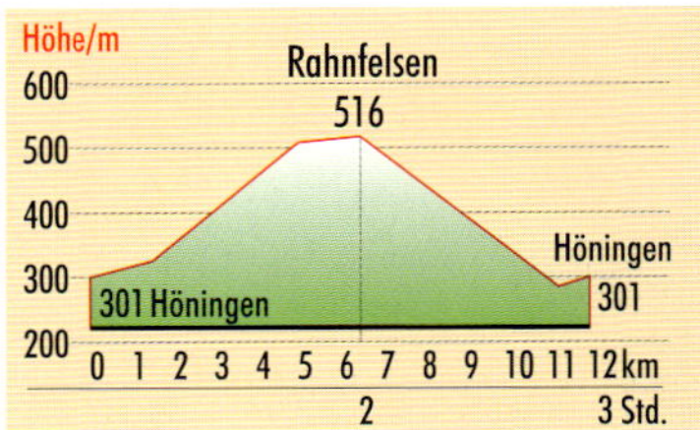

Direkt beim empfohlenen Parkplatz am Ortsausgang von **Höningen** beginnt unsere Tour durch das **Kohltal**. Nach abwechslungsreichem Anstieg durch schönes Waldgelände wird nach einer Gehstunde eine Wegkreuzung mit Sitzbank und Schutzhütte erreicht. Wir folgen ab hier dem roten Punkt nach links, der in Gegenrichtung nach Hertlingshausen weist.

Unser Weiterweg, teils als schmaler Pfad, teils als breiter Holzabfuhrweg, berührt noch einmal das Fahrsträßchen Leistadt – Höningen und stößt schließlich auf den **Rahnfelsen**.

Unterwegs sind noch die Zufahrtswege zur Radarstation zu erkennen, die hier oben angesiedelt war. Das tägliche AFN Popkonzert, das damals in Überlautstär-

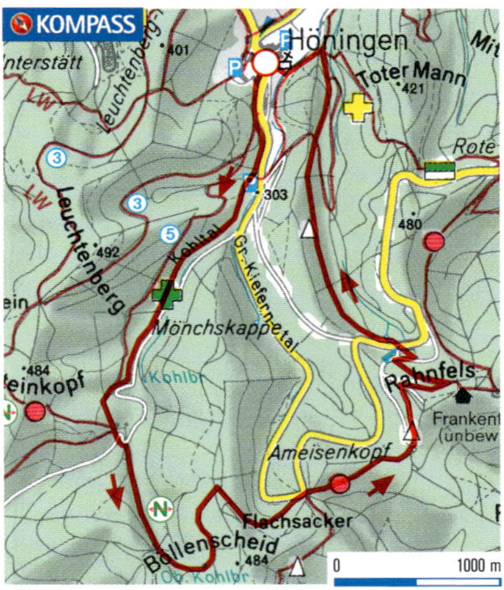

Im Klosterdorf Höningen.

ke durch den Wald dröhnte, hat mit dem Ende des Kalten Krieges glücklicherweise auch geendet und wieder der Waldesstille Platz gemacht. Inmitten uralter und teils bizarrer Baumgestalten thront seit dem Jahre 1906 die **Frankenthaler Hütte** auf dem hohen Bergsporn des Rahnfelsens und bietet ein herrliches Rastplätzchen mit Aussicht über das Isenachtal, Bad Dürkheim und die Weite der Rheinebene. Der Rückweg führt zunächst 200 m auf gleicher Spur zurück, dann folgen wir dem weißen Dreieck talwärts. Bald verläuft der Weg in angenehmem Gefälle als schmaler Bergsteig abwärts. Kurz vor Höningen passieren wir einen Ritterstein. Er dient dem Gedenken an Julius Schmitt, einem verdienten Kenner und Schilderer seiner Pfälzer Heimat. Hier gehen wir noch ein kurzes Stück nach links, queren den Talgrund bei einer Pferdekoppel und steigen über eine Staffel zur Klosterruine hinauf. Nun sind es nur noch wenige Schritte bis zum Parkplatz.

Das **Kloster Höningen**, um das Jahr 1120 von den Leininger Grafen gestiftet, erlebte eine hohe Blütezeit. So galt es als eine besondere Ehre, hier bestattet zu werden. Die wechselvolle Geschichte endete mit dem Brand von 1569; die Anlage wurde danach als Steinbruch für die Wohnhäuser genutzt, die ins Kloster hinein gebaut wurden. Schon vor rund 150 Jahren schrieb *August Becker:* »Die schönen Überreste gehen leider immer mehr zugrunde, die einst prachtvolle Kirche mit sechs Altären existiert nur noch in wenigen spitzen Fensterbögen...... Der Kreuzgang weist kaum mehr einen Bogen auf, die vielen herrlichen Grabmonumente sind verschwunden.« Heute zeugen nur noch die Giebelwand der Klosterkirche mit ihrem romanischen Portal, die Toreinfahrt aus dem 13. Jh. und Reste der Klostermauer von der einstigen klösterlichen Pracht.

Der Adolf-von-Nassau-Weg ab Göllheim

Wo sich einst Deutsche Geschichte entschied

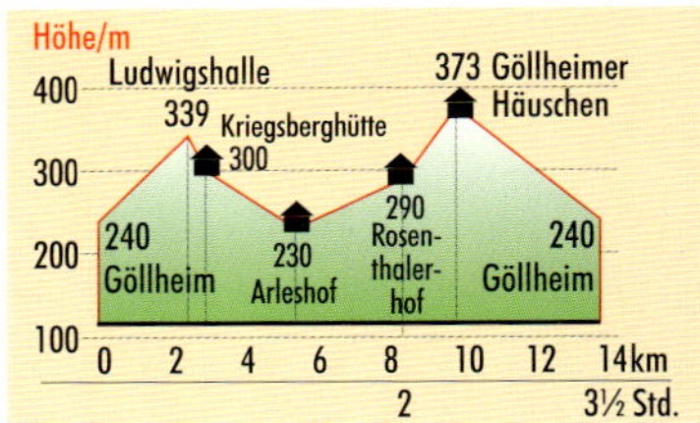

Ausgangspunkt: Göllheim liegt zwischen Pfälzerwald und Donnersberg, dicht an der Autobahn Kaiserslautern-Mainz (Ausfahrt Göllheim). Regionale Busverbindungen, Parkgelegenheit an der Königkreuzstraße am Ortsausgang in Richtung Ramsen/Kriegsberghütte.
Gehzeit: 3½ Std.
Charakter: Leichte Rundtour auf geschichtlichen Spuren.
Einkehr: Göllheim, Kriegsberghütte, Arleshof, Rosenthalerhof, Göllheimer Häuschen.
Wegmarkierungen: Symbol Königskreuz und zahlreiche Markierungen des Pfälzerwald-Vereins.
Karte: KOMPASS 766 und 1:25 000 Grünstadt und Leininger Land.

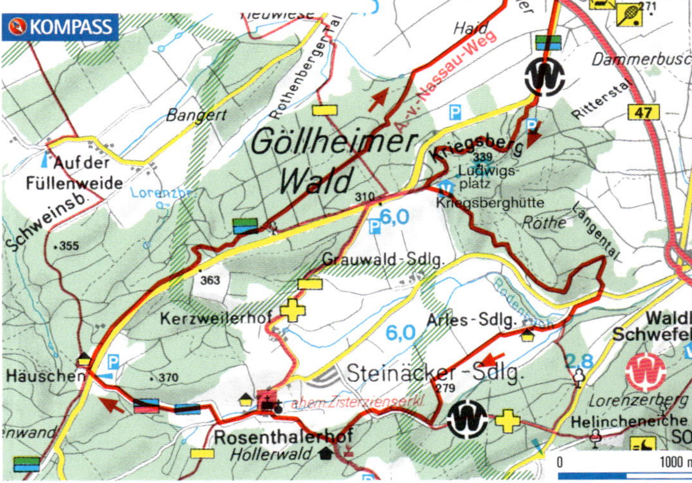

Das Königskreuz bei Göllheim.

Der Wanderweg beginnt am **Königkreuz** und führt entlang des kaum befahrenen Fahrsträßchens, vorbei an einem alten jüdischen Friedhof zum Waldrand. Dort biegen wir nach links von der Straße ab - Wegweiser Kriegsberghütte 1,2 km -, die wir nach leichtem Anstieg zur **Ludwigshalle** erreichen. Die Hütte des Pfälzerwald-Vereins ist sonntags bewirtschaftet. Etwa 50 m nach der Hütte verlässt der Adolf-von-Nassau-Weg den Hauptweg; das symbolisierte Königskreuz geleitet uns durch den Wald und zum **Arleshof** (Vesperstube, nur sonn- und feiertags ab Nachmittag geöffnet). Der Weiterweg mündet schließlich wieder in den Hauptweg ein. Wir wandern zum **Rosenthalerhof** mit seinem versteckten Kleinod, den Resten des ehemaligen Zisterzienserklosters, wo Adolf von Nassau bis zum Jahre 1309 begraben lag, ehe er im Dom zu Speyer seine letzte Ruhestätte fand (s. Tour 22). An einem malerischen Weiher vorbei folgt ein kurzer Anstieg, der auch mit blauem und blau-rotem Strich markiert ist. Das **Göllheimer Häuschen** bietet noch einmal Einkehrmöglichkeit (Dienstag Ruhetag). Der grün-blaue Strich begleitet unseren Weg für knapp 2 km, dann biegt der Adolf-von-Nassau-Weg links ab, durchquert den Göllheimer Wald und führt direkt zum Ausgangspunkt zurück.

Die Schlacht am Hasenbühl bei **GÖLLHEIM** im Jahre 1298 besiegelte ein Kapitel der Deutschen Geschichte. Hier fiel König Adolf von Nassau im Kampf gegen seinen Widersacher Albrecht von Habsburg. Wenn auch Generationen später erwuchs daraus der Anspruch der Habsburger auf die Kaiserkrone. Das Königkreuz am Startpunkt der Rundwanderung erinnert an dieses Ereignis. Die Ludwigshalle, erbaut im Stil eines griechischen Tempels, entstand im Jahre 1890 zum 50. Jahrestag des Anschlusses der Pfalz an das bayrische Königreich und wirkt doch recht eigenartig in der pfälzischen Landschaft.

Ramsen – Stauf – Klosterruine Rosenthal

Zwischen Pfälzerwald und Donnersberg

Ausgangspunkt: Ramsen liegt am Nordrand des Pfälzerwaldes, nahe der Autobahnausfahrt Wattenheim an der A6 Kaiserslautern – Mannheim. Bahn- und Busverbindung in Richtung Kaiserslautern und Mannheim bzw. Enkenbach.
Gehzeit: 2½ Std.
Charakter: Leichte Rundtour mit schöner Aussicht und interessanten geschichtlichen Spuren.
Einkehr: Ramsen, Stauf, Rosenthalerhof.
Wegmarkierungen: Blauer Strich bis Rosenthalerhof, gelber Strich bis Ramsen.
Karten: KOMPASS Nr. 766 und 1:25 000 Grünstadt und Leininger Land.

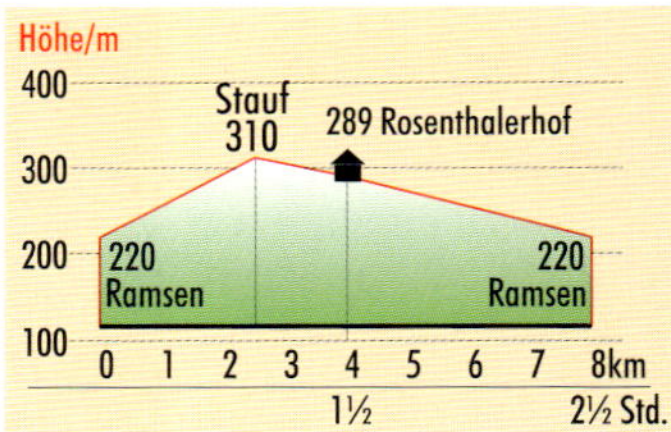

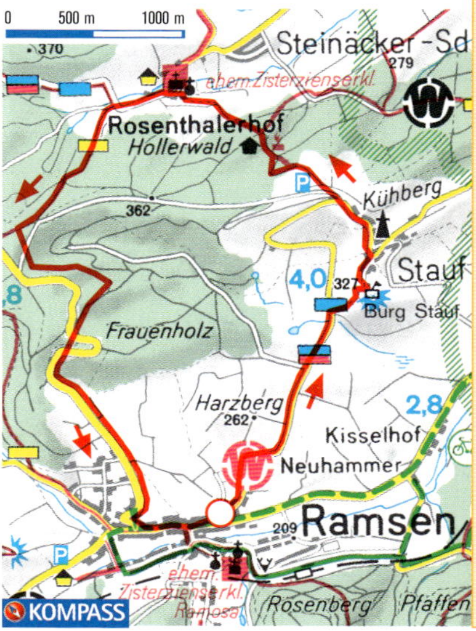

Das **Kloster Rosenthal** (► auch Tour 21) ist ein verstecktes Kleinod. Die 1241 gegründete Klosteranlage der Zisterzienser wurde bereits 1460 und noch einmal im Bauernkrieg 1525 zerstört. Überreste der gotischen Fensterbogen, Mauern und der kecke Dachreiter sind noch erhalten. Der Historische Verein Rosenthal hat eine kleine Broschüre über die Geschichte des Klosters herausgegeben. Sie ist beim Kloster erhältlich.

»Die Ruinen der ehemaligen **Burg Stauf** erheben sich vor uns auf dem runden, von Menschenhand gebildeten Hügel; um sie her, teilweise auf ihren Trümmern, die Häuschen des Dorfes, das hoch genug hier oben liegt, während jenseits des weiten Eisgrundes, über eine Stunde weit gegenüber, das Dorf Wattenheim auf dem Berghang liegt. Wird dort bei stillem Wetter ein lautes Wort gesprochen, soll man es hier in Stauf deutlich vernehmen«.

Die Schilderung stammt aus dem Jahr 1857. Ob ein solches »Ferngespräch« über die Autobahn hinweg heute noch möglich wäre?

Bild oben: Blick auf Ramsen; Bild unten: Klosterruine Rosenthal.

Die Stauferstraße beginnt in der Ortsmitte von **Ramsen** beim Kriegerdenkmal und führt hinaus zum Friedhof. Wir folgen dem kaum befahrenen Sträßchen. Es schlängelt sich durch freies Feld und über eine flache Anhöhe zum Fuß des Hügels, auf dessen Höhe Dorf und Ruine **Stauf** liegen. Der steile aber kurze Anstieg ist gut bezeichnet, und vom Aussichtsturm genießt man eine herrliche Rundsicht. Entlang des Bergtraufs durchwandern wir das kleine Dörflein nach links bis zu seinem Ende, dort verlässt der Wanderweg den Fahrweg und führt hinab zum **Rosenthalerhof**.
Nach Besichtigung der Klosterruine entdecken wir am kleinen Weiher den gelben Strich als Wegmarkierung. Er geleitet uns durch den Wald sicher nach Ramsen zurück.

Auf den Spuren der Kelten rund um den Donnersberg

Alltag vor mehr als 2000 Jahren

Ausgangspunkt: Parkplatz auf dem Donnersberg-Plateau. Donnersberg-Bus von Ostern bis Ende der Herbstferien in Rheinland-Pfalz ab Kirchheimbolanden und Winnweiler an Sonn- und Feiertagen, werktags Anbindung bis Dannenfels.
Gehzeit: 1-2 Stunden.
Charakter: Ein bequemer Rundweg ohne nennenswerte Steigungen.
Einkehr: Waldhaus Donnersberg, Keltenhütte.
Wegmarkierungen: Informationstafeln entlang des Rundweges.
Karte: Spezialkarte Keltenweg 1:5 000, erhältlich bei allen Tourist-Informationen im Gebiet des Donnersbergs.

Der **Keltenweg** beginnt am großen Parkplatz beim **Waldhaus** auf dem Donnersberg-Plateau und verläuft zunächst in nördlicher Richtung zur ehemaligen Viereckschanze. Man kann dort links abbiegen und dem Zwischenwall folgen. Der Weg führt zum **Königsstuhl**, dem höchsten Punkt der Pfalz (687 m). Selten ist der höchste Gipfel eines Landes so leicht zu »erklimmen« – der Felsklotz überragt den flachen Umkreis nur um wenige Meter. Unser restliches Wegstück biegt wieder nach links (Osten) ab und führt, teils neben, teils direkt auf der Wallkrone am **Fernsehturm** vorbei zum Ausgangspunkt zurück.

Das Keltendorf und der Keltengarten in Steinbach

Ausgrabungen sowie schriftliche Überlieferungen der Römer und

Bilder aus dem Keltendorf.

Griechen sind die einzigen Zeugnisse über die Keltenzeit, denn die Kelten selbst haben keine schriftlichen Spuren hinterlassen. So gehört viel Spürsinn dazu, eine keltische Wohnanlage nachzubauen. Im Keltendorf am Donnersberg ist dies gelungen. Sechs Gebäude erzählen von Bau- und Handwerkstechnik, vom Alltag, zeigen Kleidung und Hausrat. An Wochenenden können die Besucher durch ein buntes Programm selbst kreativ in das Geschehen eingreifen.

Der im Jahre 2006 eröffnete **Keltengarten** bietet »Natur zum Anfassen«. Es wird gezeigt, welche Tier- und Pflanzenwelt in der Keltenzeit zu finden war und wie sie vielleicht von den Menschen genutzt wurde. Fachkundige Führungen und vielfältige Angebote, die den Besucher mit in das Geschehen einbeziehen, garantieren einen interessanten Rundgang. *Ausführliche Informationen* unter folgender Adresse: Donnersberg Touristik-Verband, Uhlandstraße 2, 67292 Kirchheimbolanden.
Telefon: 06352/1712
www.donnersberg-touristik.de

Auf dem Hochplateau des **Donnersberg** umfasst ein Ringwall in einer Gesamtlänge von 8,5 km eine 240 Hektar große spätkeltische Stadtanlage (Oppodum) aus dem 2. Jh. v. Chr. Sie zählt zu den größten Keltensiedlungen Mitteleuropas. Die Pfostenschlitzmauer des Südwalls wurde rekonstruiert und liefert ein eindrucksvolles Bild einer wehrhaften Befestigung. Viele interessante Details, die den Rahmen eines Wanderführers sprengen würden, enthält die oben genannte Wanderkarte.

Dannenfels – Donnersberg – Burgruine Falkenstein

Zur höchsten Erhebung der Pfalz

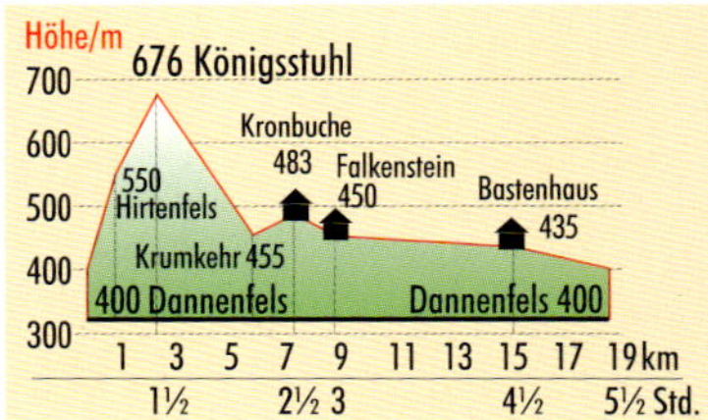

Ausgangspunkt: Dannenfels liegt am nordöstlichen Rand des Donnersbergmassivs. Busverbindung nach Kirchheimbolanden, Winnweiler und Rockenhausen. Parkgelegenheit an der Spitzkehre der Donnersbergstraße in Höhe des Hotels Kastanienhof.
Gehzeit: 5½ Std.
Charakter: Aussichtsreiche aber lange Rundwanderung.
Einkehr: Dannenfels, Waldhaus, Keltenhütte, Kronbuchhütte, Burghütte Falkenstein, Bastenhaus.
Wegmarkierungen: Blauer Strich und »W« bis Ludwigsturm, örtliche Wegweiser und roter Strich bis Abzweig nach dem Königsstuhl, weißes Kreuz über Krummkehr bis Kronbuche, örtliche Wegweiser zur Ruine Falkenstein, roter Strich, weißer Punkt und weißes Kreuz bis Höhe Bastenhaus, blau-roter Strich bis Dannenfels.
Karte: KOMPASS Nr. 766 und 1:25 000 Donnersberg und Umgebung.

Beim Parkplatz oberhalb des Dorfes entdecken wir an der nach links abzweigenden Straße die

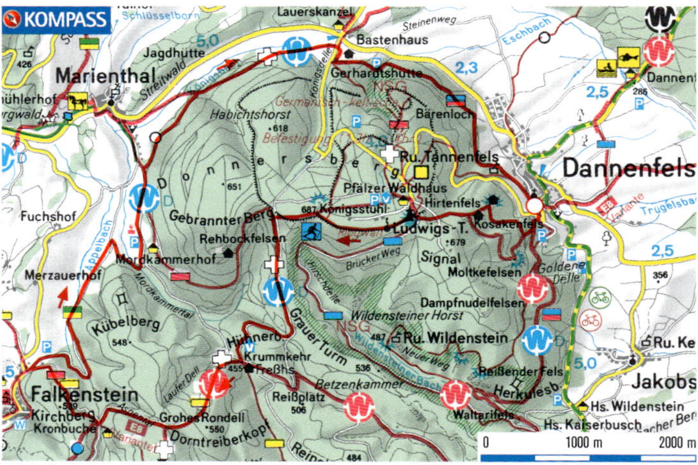

Wegmarkierung zum Ludwigsturm. Ein kräftiger Anstieg führt zum **Moltkefelsen** und wenig später zum **Hirtenfelsen**, von dem eine alte Beschreibung schwärmt: »Es ist ein gar schattiger, erhabener Felsensitz .... Der Lauf des Rheines von Bingen und Mainz bis unterhalb von Speyer, selbst der des Mains und der Neckar sind zu erkennen.....«. (Dazu gehören allerdings Adleraugen und ein Traumwetter!)
Beim **Ludwigsturm** überschreiten wir den keltischen Ringwall (s. Tour 23) und wandern hinüber zum nahen **Königsstuhl**, der höchsten Erhebung des Donnersbergmassivs und der ganzen Pfalz. Bald darauf übernimmt das weiße Kreuz die Führung bis **Krummkehr**, und mit dem gelben Strich geht es weiter zur **Kronbuche**. Der kurze Abstecher zu Dorf und **Burg Falkenstein** ist gut markiert. Der rote Strich geleitet uns weiter zum **Mordkammerhof**. Unser Weiterweg folgt dem Nordrand des Donnersberg und mündet in Höhe des Hotels **Bastenhaus** in die Zufahrtsstraße zum Donnersberg-Plateau ein. Wir queren die Straße und finden am Waldrand den Wegweiser nach Dannenfels. Auf schönem Weg zum Ausgangspunkt zurück.

Burgruine Falkenstein.

DANNENFELS, ein altbekannter Ausflugs- und Luftkurort liegt in malerischer Landschaft an der Ostabdachung des Donnersberg. Eine wohl 600 Jahre alte Kastanie ist das Wahrzeichen des Dorfes. Der Umfang misst rund acht Meter, und das Baumdenkmal ist noch immer sehenswert, wenn auch vom Zahn der Zeit heftig angenagt.
BURG FALKENSTEIN am Südwestrand des Donnersberg ist die imposanteste Burgruine im weiten Umkreis und war schon immer ein beliebtes Motiv für Maler und Fotografen. Die Burg stammt aus dem 12. Jh. und fiel nach wechselvoller Geschichte im Jahre 1647 einem Brand zum Opfer. Nach ihrem Verfall erlitt sie das Schicksal vieler Burgen, sie wurde als Steinbruch für den Bau des Dorfes genutzt. Die Burgruine beherbergt seit dem Jahre 1993 eine Freilichtbühne.

Imsbach – Beutelfelsen – Ruine Hohenfels – Kronbuche

Hoch auf den Berg und tief in die Erde

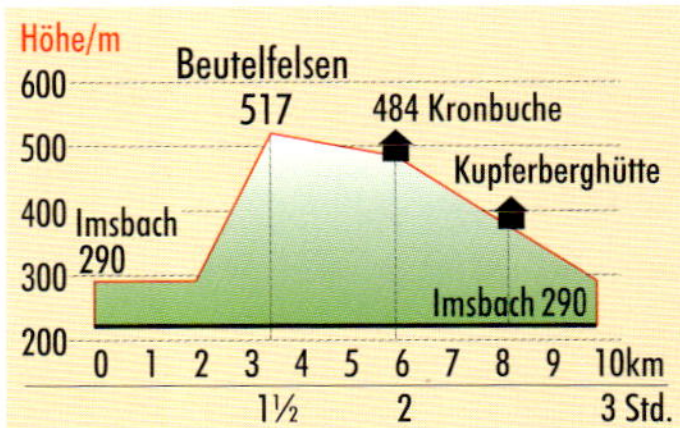

Ausgangspunkt: Imsbach liegt am Südrand des Donnersberg. Gute regionale Busverbindung. Parkgelegenheit in der Ortsmitte oder am Eisernen Tor, 2 km nordöstlich des Dorfes. Beschilderte Zufahrt zum Wanderparkplatz Gienanthstraße.
Gehzeit: 3 Std.
Charakter: Schöne Wege, viele Aussichtspunkte, Steigung zu Beginn der Tour.
Einkehr: Imsbach, Kronbuchenhütte, Kupferberghütte.
Wegmarkierungen: Schwarzes und blaues »W« bis Grohes Rondell, gelber Strich bis Kronbuche, blauer Punkt bis Imsbach oder nach Beschreibung zum Eisernen Tor.
Karte: KOMPASS Nr. 766 und 1:25 000 Donnersberg und Umgebung.

Ab Ortsmitte **Imsbach** wandern wir über die Triftstraße und Kupferbergstraße hinaus zum Wanderparkplatz **Eisernes Tor**, der auch als Startpunkt für diese Rundwanderung dienen kann. Direkt beim Parkplatz, an einem Gedenkstein aus dem Jahre 1998, beginnt der anfänglich recht steile Aufstieg, der in 25 Minuten zur **Löwenbergruhe** führt. Ein winziges Bänkchen und eine schöne Aussicht verlocken schon hier zu einer gemütlichen Rast. Es geht weiter über auffallenden Gesteinsschutt bergan zum **Beutelfelsen**, der wenige Meter links unseres Wegs liegt. Eine ble-

Imsbach, Weiße Grube.

cherne Trompeterfigur bläst von diesem markanten Aussichtspunkt den Marsch ins weite Land hinaus. Wenig später ist die **Ruine Hohenfels** zu entdecken. Allerdings ist die Aussicht verwachsen, und eine Tafel weist darauf hin, dass »Hobbyarchäologen« hier zerstörerisch am Werk waren. Über die Wegspinne **Groħes Rondell** oder direkt mit dem weißen Punkt wandern wir weiter zur **Kronbuchenhütte**. Unterhalb der Hütte übernimmt der blaue Punkt die Führung in Richtung Imsbach. Es geht allmählich abwärts. Wer die Wanderung im Dorf angetreten hat, bleibt auf diesem Weg. Unterwegs bietet die **Kupferberghütte** noch einmal Einkehr und Ausblick. Wer zum Wanderparkplatz am Eisernen Tor will, biegt in Höhe einer Informationstafel über die Entstehung des Donnersberg nach links ab und folgt dem Grubenpfad, der direkt zum Parkplatz hinabzieht.

Die Gegend um Imsbach hat eine mehr als zweitausend Jahre zurückreichende Tradition des Bergbaus aufzuweisen. Eisen und Silber, Mangan, Kobalt und Kupfer wurden hier geschürft und brachten den Bergbau zur Hochblüte. Erst im Jahr 1923 kam dieser Wirtschaftszweig endgültig zum Erliegen. Das Pfälzische Bergbaumuseum in Imsbach und die **Besucherbergwerke Weiße Grube** und **Grube Maria** zeugen von dieser langen Geschichte. Drei neu beschilderte Grubenrundwege informieren über die Bergbautradition um Imsbach.

Infos liefert der **Donnersberg Touristik Verband**, Uhlandstr. 2, 67292 Kirchheimbolanden. Tel. 06352-1712, www-donnersberg-touristik.de

26

Rundweg ab Frankenstein mit Variante

»Frankenstein und seine Umgebung ist einer der Glanzpunkte des pfälzischen Gebirges«

(August Becker 1857)

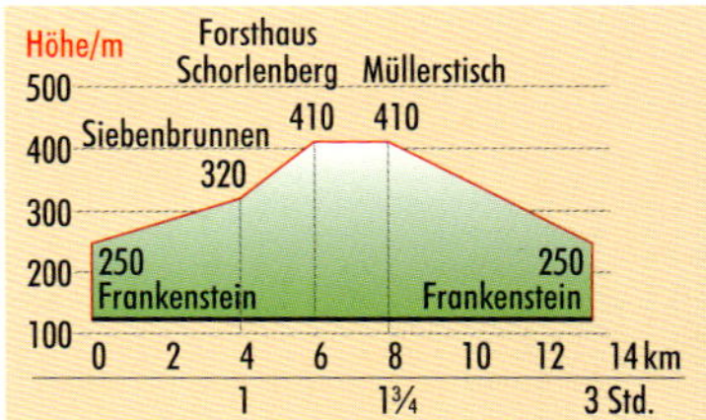

Ausgangspunkt: Frankenstein liegt westlich von Bad Dürkheim an der B37 in Richtung Kaiserslautern. Gute Bahnverbindungen in Richtung Kaiserslautern, Neustadt und Bad Dürkheim. Parkgelegenheit beim Bahnhof oder am Beginn des Diemersteiner Tales (Wegtafeln zu den Sportanlagen am Ortsausgang von Frankenstein in Richtung Hochspeyer).
Gehzeit: 3 bzw. 4½ Std.
Einkehr: Frankenstein, unterwegs keine.
Wegmarkierung: Grün-blauer Strich bis Forsthaus Schorlenberg, weiß-grüner Strich durch das Diemersteiner Tal bis Frankenstein bzw. gelber Strich über Wattenheimer Häuschen.
Karte: KOMPASS Nr. 766 und 1:25 000 Enkenbach-Alsenborn – Hochspeyer.

Beim Parkplatz am Fuß der Burgruine Diemerstein gabeln sich die Wanderwege. Wir halten uns nach rechts und wandern an Fischteichen vorbei in einer Stunde zum **Siebenbrunnen**, wo sich eine erste Rast anbietet (Sitzgruppe, Quellfassung mit 7 Röhren, Neuanlage 1998). Nach stiller Waldwanderung meldet sich bald die Zivilisation zurück, denn wir nähern uns unüberhörbar der Autobahn beim ehem. **Forsthaus Schorlenberg** (Turm). Hier sind wir kurz der Geräuschkulisse des Fernverkehrs ausgesetzt, aber die Aussicht nach Norden, hinüber zum Donnersberg, entschädigt dafür. Der Mark. weißes Kreuz folgend (▶ Variante) wenden wir uns nach links. Bald mündet der weiß-grüne Strich in unseren Weg ein und bringt uns zum **Müllertisch**, einer großen, viereckigen Steinplatte am Wegesrand. Der Alte Brotpfad war einst die kürzeste

Der klassizistische Bau am Fuß der Burgruine Diemerstein war Wohnsitz von Paul Camille von Denis, dem Erbauer der ersten Eisenbahnstrecke auf deutschem Boden (Nürnberg – Fürth 1835). Hoch über dem Dorf sitzt die **BURGRUINE FRANKENSTEIN**, die einst die wichtige Handelsstraße bewachte und im Bauernkrieg (1525) endgültig zerstört wurde. Die Reste der gotischen Burgkapelle lassen die Schönheit der Burganlage noch erahnen. **BURG DIEMERSTEIN** wurde um 1200 erbaut und im Dreißigjährigen Krieg zerstört. 1521 hielt sich Ulrich von Hutten in diesem Felsennest verborgen. Zu beiden Burgruinen führen kurze und durchaus lohnende Abstecher auf bezeichneten Wegen.

Ein Spiel von Licht und Schatten bietet der Pfälzerwald an vielen Stellen.

Verbindung zwischen Alsenborn-Enkenbach und der Diemersteiner Mühle. Auf dem Weg zwischen Mühle und Heimatdorf wurde am Müllertisch die schwere Last abgestellt und eine Rast eingelegt.

Variante

Vom ehem. Forsthaus Schorlenberg aus folgen wir der Hochstraße entlang der Autobahn nach rechts, bis nach 2 km der mit gelbem Strich bezeichnete Wanderweg durch einen Tunnel unter der Autobahn aus Enkenbach-Alsenborn herüber kommt. Nach wenigen Schritten biegen wir mit dieser Mark. rechts ab und folgen einem betonierten Fahrsträßchen bis zum **WATTENHEIMER HÄUSCHEN**, das Rastgelegenheit und auch Unterschlupf bietet. Der gelbe Strich geleitet uns weiter nach Süden bis zum Ausgangspunkt unserer Wanderung. Allerdings hat sich der einst schöne Waldpfad vor einigen Jahren in einen befestigten Wirtschaftsweg verwandelt.

27

Ruine Erfenstein – Ruine Breitenstein – Burg Spangenberg

Drei-Burgen-Weg im Elmsteiner Tal

Ausgangspunkt: Erfenstein im Elmsteiner Tal. Busverbindung in Richtung Elmstein und Neustadt an der Weinstraße. Parkplatz am Fuß der Burg Spangenberg.
Gehzeit: 2 Std.
Charakter: Interessanter Weg von Burg zu Burg.
Einkehr: Erfenstein, Burg Spangenberg, Forsthaus Breitenstein.
Wegmarkierungen: Symbol Drei Burgzinnen und örtliche Wegweiser.

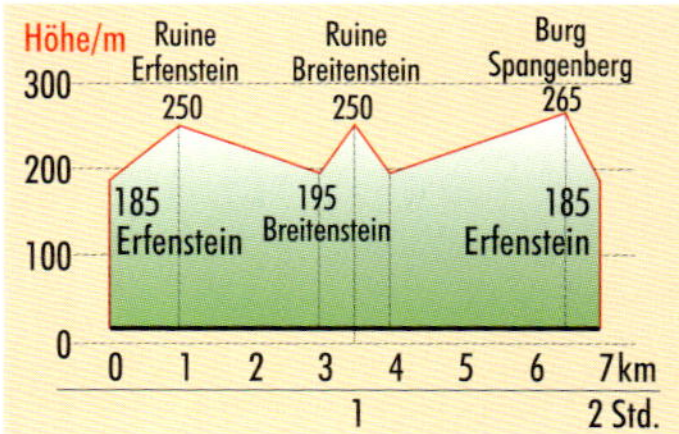

Karte: KOMPASS Nr. 766 und 1:25 000 Lambrecht-Elmstein.

Gegenüber dem Parkplatz, am Beginn der Schankentalstraße, zeigt ein Steinrelief den Startpunkt der Wanderung an. Bald nach Waldeintritt zweigt der kurze Anstieg nach links ab und führt hinauf zur **Ruine Erfenstein**. Fast greifbar nahe gegenüber liegt die Burg Spangenberg. Der Legende nach konnten sich frühere Bewohner über das Tal hinweg mit den Burgnachbarn unterhalten. Ob es sich dabei um finstere Drohungen oder um Minneworte handelte, ist nicht überliefert. Sogar eine lederne Brücke soll einst das Tal überspannt haben, was zur Folge hatte, dass bei auflodernden Streitigkeiten ein kräftiger Schnitt genügt hat, den lieben Nachbarn auf den Talgrund zu schicken. Bei dem markanten Felsen vor der Burg nehmen wir den Forstweg nach links, der nach etwa 500 m

in eine Weggabelung mündet (Sitzbank). Wir halten uns links, es geht hinab zum Talgrund und auf schmalem Pfad zum Parkplatz Breitenstein. Ein Ritterstein mit der Inschrift »R. Breitenstein, 500 Schr« weist den Anstieg zur **Ruine Breitenstein**.

Bilder der Burgruine Spangenberg über dem Elmsteiner Tal.

Nach Rückkehr zum Parkplatz queren wir die Gleise. In Höhe der Auffahrt zum Forsthaus Breitenstein zweigt ein Forstweg ab, der zunächst der Totenkopfstraße folgt, nach ca. 300 m jedoch links abbiegt und als Schotterweg bergan zieht. Die Wegweiser führen uns schließlich zum **Burgbrunnen**, und wenig später ist die **Burg Spangenberg** erreicht. Der Abstieg ist gut markiert, quert den Speyerbach und die Gleise und mündet in den Parkplatz.

Wie viele andere Burgen im Pfälzerwald war auch die **Burg Spangenberg** dem Verfall nahe. Eine beispielhafte Bürgerinitiative griff jedoch ein, und aus ihr ging der Burgenverein hervor. Unzählige Arbeitsstunden und viel Idealismus haben dazu geführt, dass die Burg saniert wurde und eine gemütliche Einkehrstätte für Wanderer entstand.
Der 3-Burgen-Weg bietet sich in Verbindung mit dem »Kuckucksbähnel« (▶Tour 31) als reizvolles Ausflugsprogramm an.

Neidenfels – Lambertskreuz – Pottaschhütte – Lichtensteinhütte

Waldeinsamkeit, Burgenromantik und gastliche Einkehr

Ausgangspunkt: Neidenfels liegt nordwestlich von Neustadt an der Weinstraße an der B39 Neustadt – Kaiserslautern. Gute Bahnverbindungen nach beiden Richtungen. Parkplatz beim Bürgerhaus nahe der S-Bahn-Station.
Gehzeit: 3½ Std.
Charakter: Schöne Waldwege, kräftiger Anstieg zum Lambertskreuz.
Einkehr: Neidenfels, Lambertskreuz, Lichtensteinhütte.

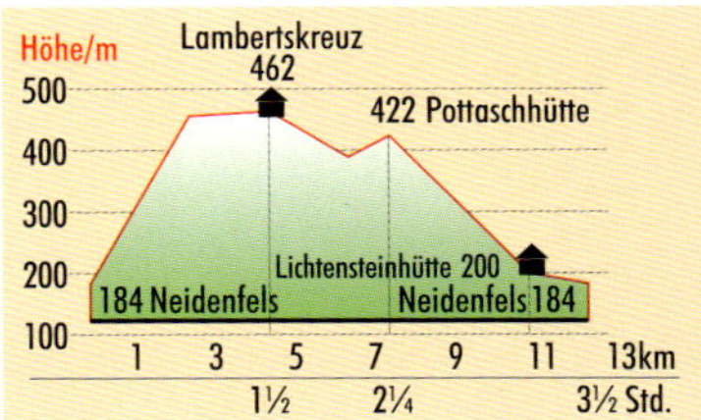

Wegmarkierungen: Grün-weißer Strich bis Lambertskreuz, roter Strich über Pottaschhütte nach Neidenfels.
Karte: KOMPASS Nr. 766 und 1:25 000 Bad Dürkheim und Umgebung.

Über den Burgweg steigt die Straße steil durch **Neidenfels** an. Die Häuser stehen verwinkelt und eng übereinander geschachtelt am steilen Berghang

Die wichtige Handelsstraße durch das Frankensteiner Tal von Neustadt an der Weinstraße nach Kaiserslautern wurde schon im Mittelalter von Burgen bewacht bzw. bedroht – je nach Verlauf der Geschichte. Von der Burg Lichtenstein sind nur noch spärliche Reste vorhanden, während Burg **NEIDENFELS** als eindrucksvolle Ruine erhalten ist. Das Ortsbild von Neidenfels wird durch die große Papierfabrik beherrscht, einem der wenigen Großbetriebe, die sich bis heute gehalten haben und den meisten Einwohnern in dieser strukturschwachen Gegend Arbeit bietet.

und geben ein idyllisches Bild ab, das durch die Enge des Tales bestimmt wird. Das letzte Gebäude auf der linken Seite wird umrundet, ein Wegweiser zeigt dort den kurzen Anstieg zur Burgruine an, der schnell geschafft ist. Oben bietet sich ein schönes Rastplätzchen. Man kann erst hier richtig erkennen, wie scharf das Tal eingeschnitten ist, durch das sich die Bundesstraße und die Trasse der Schnellbahn zwängen.
Nach Umrunden der Burganlage übernimmt die grün-weiße Strichmarkierung bei einem uralten Steintisch die weitere Führung. Der stetige aber nie steile Anstieg führt durch Forchenbestände und schönen Buchenwald bergan. Nach einer guten Wegstunde münden wir in einen Hauptweg ein, der eine Vielzahl der stets zuverlässigen Markierungen des Pfälzerwald-Vereins aufweist.
Auch bei dickstem Nebel oder bei hereinbrechender Dunkelheit wäre kein Verirren zu befürchten.
Wir folgen weiter dem grün-weißen Strich und kommen zur Wanderhütte am **Lambertskreuz**, die hier oben schon seit 100 Jahren Wanderfreunde aus allen Himmelsrichtungen anlockt. Nach der Rast vertrauen wir uns dem roten Strich in Richtung Friedrichsbrunnen an. Nach etwa 30 Minuten, in Höhe einer Wegkreuzung, heißt es ein wenig aufpassen, denn der rote Strich schlüpft weg von den anderen Wegen, steigt wenige Schritte steil an und zieht als schmaler Pfad weiter in Richtung **Pottaschhütte**.
Hier betrieben wohl die Äscher ihr rußiges Geschäft, denn Pottasche wurde aus Holzasche gewonnen und diente der Glas- und Seifenherstellung. Beim Weiterweg über die Hohe Loog folgt bald ein angenehmer Abstieg auf einem jener idealen weichen Waldpfade, die man in den zunehmend »verstraßten« Wanderregionen außerhalb des Pfälzerwaldes oft vermisst. Unterwegs ist jedoch gut auf die Markierung zu achten, denn der Pfad knickt mehrmals ab. Ein kurzer bezeichneter Abstecher würde zu Überresten der ehemaligen Burg Lichtenstein führen (dort gibt es aber wenig zu entdecken).
Schon das erste Gebäude von Neidenfels ist die gemütliche **Lichtensteinhütte**, und durch das Dorf geht es schließlich wieder kurz und recht steil zum Parkplatz hinab.

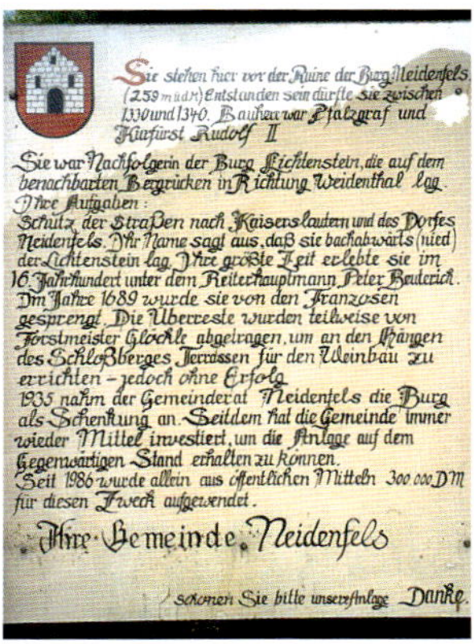

Bei Burg Neidenfels

Lindenberg – Wolfsburg – Steinerner Hirsch – Weinbiethaus

Zur Pfälzer Wetterwarte auf dem Weinbiet

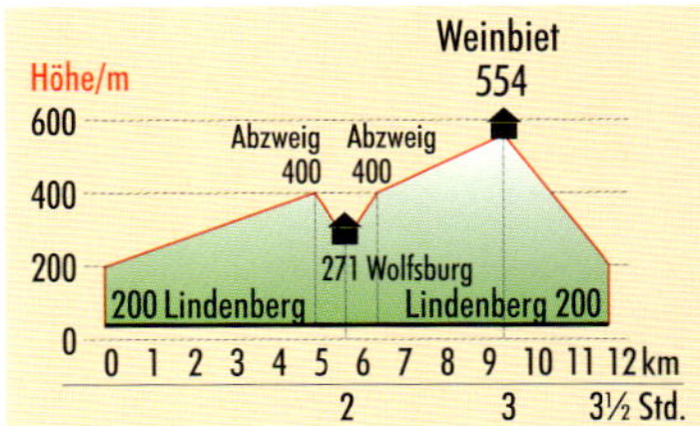

Ausgangspunkt: Lindenberg liegt nordwestlich von Neustadt an der Weinstraße. Zufahrt ab B39 zwischen Neustadt und Lambrecht. Busse nach Neustadt, Bahnanschluss ab Lambrecht. Parkgelegenheit entlang der Dorfstraße in Höhe der Kirche.
Gehzeit: 3½ Std.
Charakter: Anstieg auf oft schmalen Pfaden zu gastlicher Einkehr.
Einkehr: Lindenberg, Burgschenke Wolfsburg, Weinbiethaus.
Wegmarkierungen: Blauer Punkt , blau-weißer Strich und roter Punkt bis Wolfsburg, roter Punkt bis Weinbiet, weiß-blauer Strich und blauer Punkt bis Lindenberg.
Karte: KOMPASS Nr. 766 und 1:25 000 Neustadt – Maikammer – Edenkoben – Landau.

Nahe der Kirche von **Lindenberg** (Neutalstraße/Weinbietweg) übernimmt der blaue Punkt die Führung. Nach Queren der Fahrstraße steigt der breite Weg an und führt in 25 Min. zu einer Weggabelung, an der wir nach rechts dem blau-weißen Strich fol-

Die **Wolfsburg** entstand im 13. Jh. an strategisch wichtiger Stelle über der alten Handelsstraße zwischen der Vorderpfalz und Kaiserslautern. Nach mehrmaliger Zerstörung erinnert heute nur noch eine mächtige Schildmauer an die frühere Bedeutung. Das **Weinbiethaus** wird vom Aussichtsturm und dem 133 m hohen Antennenmast überragt. Durch die Wetterstation des SWR ist das Weinbiet täglich »auf Sendung«.

Der Steinerne Hirsch am Weg zum Weinbiet.

gen. Fast steigungsfrei geht es weiter. Bald verlässt unser Wanderpfad den Hauptweg nach rechts und zieht als schmaler Pfad durch herrliche Buchenbestände, um später noch einmal den Hauptweg zu queren. Wir münden in den Wanderweg mit rotem Punkt ein und können hier einen Abstecher zur **Wolfsburg** wählen, der an den imposanten Hohfelsen vorbeiführt. Zurück am Abzweig folgen wir dem roten Punkt bergan, passieren den in eine Steinplatte gemeißelten **Steinernen Hirsch** und steigen weiter bergan. Das allerletzte Wegstück geht recht steil über Treppenstufen hinauf zum **Weinbiethaus**.

Von dem nur 21 Meter hohen Aussichtsturm bietet sich eine großartige Rundsicht, die bei guten Bedingungen den Nordschwarzwald, den Odenwald, den Taunus und natürlich die Rheinebene umfasst. Unseren Rückweg begleitet für wenige Minuten der weiß-blaue Strich, wir biegen dann aber scharf nach links ab und folgen dem blauen Punkt. In steilem Zick-Zack führt der Steig talwärts und mündet schließlich in unseren Anstiegsweg ein, der uns schnell nach Lindenberg zurück bringt.

Rast am Weinbiethaus.

Lambrecht – Kaisergarten – Breite Loog – Hellerhütte – Heidenbrunner Tal

Geschichtliche Spuren im Wald

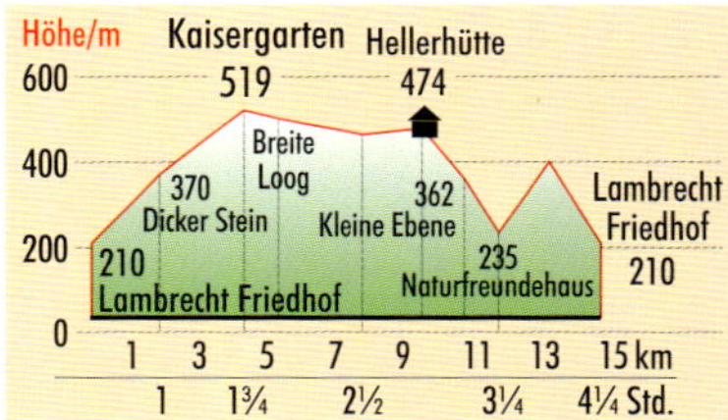

Ausgangspunkt: Lambrecht liegt an der B39 zwischen Neustadt an der Weinstraße und Kaiserslautern. S-Bahn-Station an der Strecke Ludwigshafen – Kaiserslautern. Parken entlang oder oberhalb des Friedhofs; die Zufahrt ist innerörtlich beschildert.
Gehzeit: 4¼ Std.
Charakter: Ruhige Waldtour, meist schmale Naturpfade, einige kräftige Anstiege.
Einkehr: Lambrecht, Hellerhütte, Naturfreundehaus Heidenbrunner Tal.
Wegmarkierungen: Blau-gelber Strich bis Hellerhütte, gelber Punkt bis Kleine Ebene, örtliche Wegweiser bis Naturfreundehaus, blau-gelber Strich bis Einmündung in den Herweg am Ortsrand vom Lambrecht.
Karte: KOMPASS Nr. 766 und 1:25 000 Lambrecht – Elmstein.

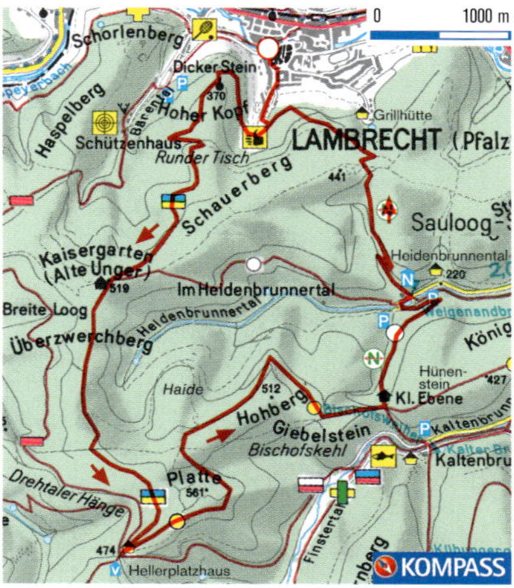

Nach Waldeintritt oberhalb des Friedhofes von Lambrecht gabeln sich die Wanderwege. Wir folgen dem blau-gelben Strich auf einem Schotterweg, der aber bald in einen weichen Waldpfad übergeht. Auf dem schönen und stellenweise steilen Anstieg ist sorgfältig auf die Markierung zu achten, denn unser Pfad knickt mehrfach vom Hauptweg ab. Nach knapp 30 Minuten zeigt ein Wegweiser den kurzen und lohnenden Abstecher zum Dicken Stein an. Vom nur wenige Meter hohen Aussichtsturm bietet sich ein schöner Blick über das Elmsteiner Tal. Wir kehren zurück zum Hauptweg,

Der Dicke Stein bei Lambrecht.

steigen weiter an und erreichen den Kaisergarten. Eine Informationstafel erläutert die Historie. Wenige Minuten später sind wir an der Breiten Loog. Hier wird der Wanderer in launiger Weise aufgefordert, die erwähnte Grenzplatte stets sauber zu halten. Ein Besen steht bereit, und die erfolgte »Kehrwoche« darf in das Besenbuch eingetragen werden. Wenn man nicht gerade in einem Novembersturm hier aufkreuzt, ist die Platte auch stets blitzblank gefegt. Nach gut 2½ Wanderstunden sind wir an der gastlichen Hellerhütte. Hier laufen sieben Wanderwege des Pfälzerwald-Vereins zusammen. Kein Parkplatz ist in der Nähe – eine echte Wanderhütte! Unser Weiterweg beginnt direkt an der Vorderfront der Hütte, steigt zunächst noch einmal an und folgt schließlich einem breiten Waldweg. Nach ca. 40 Gehminuten seit Hellerhütte gilt es wieder, genau auf die Markierung zu achten, denn der Weiterweg schlüpft etwas unauffällig links abwärts weg und wäre nicht zum ersten Mal übersehen worden. An der Kleinen Ebene (Schutzhütte, Sitzgruppe) verlassen wir den gelben Punkt, der nach Neustadt weiterleitet. Ein Wegweiser zeigt uns den Abstieg zum **Naturfreundehaus**. Vorbei am Gebäude folgt noch einmal ein kräftiger Anstieg (blauroter Strich) bis zur Stadter Bank aus dem Jahre 2003. Die mühsam erarbeiteten Höhenmeter geben wir schnell wieder ab und münden schließlich in unseren Herweg ein, der in wenigen Minuten zum Parkplatz beim Friedhof zurück führt.

Der **KAISERGARTEN** war einst ein Festplatz am höchsten Punkt des Lambrechter Klosterwaldes. Im Jahr 1804 wurde hier in einem von der Obrigkeit befohlenen Volksfest der Geburtstag Napoleons gefeiert.
An der Breiten Loog markiert eine etwa 5 mal 2 Meter große Steinplatte aus fränkischer Zeit die Grenze zwischen verschiedenen Waldgemeinschaften (Haingeraiden). Eine Inschrift »Renoviert in Freundschaft 1829« ist noch deutlich zu lesen.

Elmstein – Waldhaus Schwarzsohl – Erlenbrunnen

Mit dem Kuckucksbähnel durch das Elmsteiner Tal

Ausgangspunkt: Elmstein ist der Zentralort des »Romantisches Tales« von Neustadt an der Weinstraße zum Johanniskreuz. Gute Busverbindungen in Richtung Neustadt, Museumsbahn siehe Kastentext. Parkgelegenheit entlang des Sträßchens zum Friedhof; Zufahrt innerörtlich beschildert.
Gehzeit: 4 Std.
Charakter: Ruhige Waldstrecke zu gastlicher Hütte.
Einkehr: Elmstein, Waldhaus Schwarzsohl.
Wegmarkierung: Blauer Strich bis Steinernes Kreuz, bezeichneter Abstecher zum nahen Waldhaus Schwarzsohl, grünes Kreuz bis Schutzhütte 200 m vor Parkplatz Erlenbrunnen, gelb-weißer Strich und örtliche Wegweiser bis Elmstein.

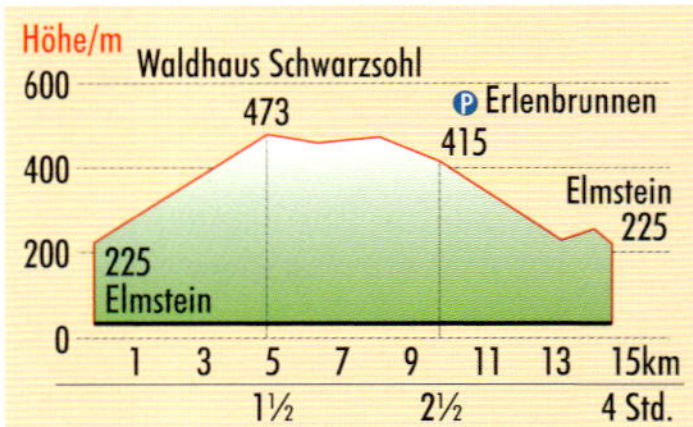

Karte: KOMPASS 766; Lambrecht-Elmstein (1:25 000).

Gotische Turmruine in Appenthal bei Elmstein.

Wir beginnen unsere Rundwanderung beim Friedhof am Ortsausgang von **Elmstein** in Richtung Neustadt. Ein Stein mit der Aufschrift »Nach Berlin 695 km« kann uns nicht vom Weg abbringen, der sofort steil ansteigt und dem blauen Strich folgt. Bei der Gabelung der Wanderwege ist bereits ein beträchtlicher Teil des Anstiegs bewältigt, und die reizvolle Waldroute bringt uns in etwa 1½ Std. seit Elmstein zum **Steinernen Kreuz**. Ein ganz kurzer Abstecher führt zum **Waldhaus Schwarzsohl** des Pfälzerwald-Vereins. Das grüne Kreuz wird nun unser zuverlässiger Begleiter über die alte Römerstraße. Kurz nach dem Steinernen Kreuz (Höhenangabe 470 am Fahrsträßchen) verlassen wir die Zufahrtsstraße und folgen dem alten Höhenweg bis zur Schutzhütte, die 200 m vor dem Straßensattel (Parkplatz Erlenbrunnen) steht. Hier stoßen wir auf die Markierung gelb-weißer Strich. Der Rückweg über den Krottenbuckel mündet in einen abschüssigen aber gut begehbaren Pfad ein, der zur **Alten Schmelz** hinabführt. Über die **Ruine Elmstein** geht es zurück zum Ausgangspunkt.

Seit der Einstellung des Bahnbetriebes 1977 gab es Bestrebungen, eine Jubiläumsbahn auf der alten Strecke einzurichten. 1984 war es dann so weit: Das **KUCKUCKSBÄHNEL**, gezogen von einer alten Dampflok, prustet wieder zwischen Neustadt an der Weinstraße und Elmstein durch das Tal. Zwischen April – Oktober ist das liebevoll hergerichtete rollende Museum an bestimmten Sonntagen unterwegs und lädt zu einem nostalgischen Ausflug ein. Der Fahrplan und die Einsatztage finden sich im Kursbuch der Bahn unter der Streckennummer 12 670. An den Fahrtagen der Bahn sind auch das Waldarbeitsmuseum und die Historische Wappenschmiede geöffnet.

32

Spurensuche um Johanniskreuz

Kultur- und Forstgeschichte im Johanniskreuzer Wald

Ausgangspunkt: Johanniskreuz liegt südlich von Kaiserslautern im Herzen des Pfälzerwaldes. Große Parkplätze mit Rundwegempfehlungen.
Gehzeit: Sehr variabel, aber alle 4 Rundwege jeweils mindestens 4-5 Stunden.
Charakter: Viele Informationen aus vergangenen Zeiten für Spurensucher.
Einkehr: Johanniskreuz und in den berührten Orten der Umgebung.
Wegmarkierungen: Stilisiertes Johanniskreuz, wechselnde Markierungen des Pfälzerwald-Vereins und örtliche Wegweiser.
Karte: KOMPASS Nr. 766 und 1: 25 000 Kaiserslautern-Süd und Lambrecht-Elmstein. **Unbedingt erforderlich:** Die Faltkarten zu den einzelnen Wegen; sie sind gegen eine kleine Gebühr bei allen Tourist-Informationen im Umkreis von Johanniskreuz erhältlich.

Johanniskreuz (▶ auch Tour 34) ist der Mittelpunkt des größten zusammenhängenden Waldgebietes in Deutschland und seit uralten Zeiten eine wichtige Straßenkreuzung an der Wasserscheide des Pfälzerwaldes zwischen Rhein und Mosel. Auch der Name »Pfälzerwald« wurde hier im Jahre 1843 durch bayrische und pfälzische Forstleute geprägt. Landwirtschaft hat sich hier nie so richtig gelohnt, dadurch blieb die weite Umgebung von großflächigen Rodungen verschont, und es konnte sich eine herrliche Vielfalt

Das Haus der Nachhaltigkeit bei Johanniskreuz.

Johanniskreuz: Mittelpunkt des Pfälzerwaldes und Treffpunkt für Wanderer, Radfahrer und Ausflügler.

von Waldbildern entwickeln. Berühmt und begehrt sind die Alteichenbestände in den Wäldern um Johanniskreuz. Schon seit Jahrhunderten liefern diese »Edelsteine« wertvolles Material für den Schiffs- und Hausbau. Heute erzielen sie Spitzenpreise als edles Furnierholz. Nicht umsonst nennen die Forstleute einen besonders schönen Bestand bei Johanniskreuz das »Millionenviertel«. Das Forstamt Johanniskreuz betreut rund 77 km^2 Waldfläche. Kreuz und quer durch dieses riesige Revier führen seit dem Jahr 2001 vier sorgfältig ausgewählte Wanderwege für Spurensucher. Die Wege laden dazu ein, die Lebens- und Arbeitsbedingungen der Menschen in früheren Jahrhunderten kennen zu lernen. In jeder Tour sind 21 »Fundstellen« versteckt, die es zu entdecken gilt. Da erzählen uralte Grenzsteine über frühere Besitzverhältnisse. Schanzen erinnern an die kriegerischen Auseinandersetzungen mit Frankreich im 18. Jh., und viele Zeugnisse der alten Waldgewerbe wie Holztrift, Flößerei, Köhlerei oder Pottaschegewinnung werden aufgezeigt.

Auch der aufmerksamste Wanderer würde viele dieser Spuren einfach übersehen, bekäme er sie nicht durch die interessanten und gut gestalteten Faltblätter des Forstamtes aufgezeigt. Das gelungene Konzept enthält auch genaue Wegskizzen. Jeder Rundweg ist mit einem stilisierten Johanniskreuz gekennzeichnet.

Die Faltblätter sind u.a. erhältlich bei der

Tourist-Information Trippstadt
Hauptstraße 26
Tel. 06306-341, Fax -1529
www.trippstadt.de

Johanniskreuz – Eschkopf – Erlenbach

Im Herzen des Pfälzerwaldes

Ausgangspunkt: Johanniskreuz liegt südlich von Kaiserslautern und ist aus allen vier Himmelsrichtungen mit PKW gut zu erreichen. Großer Parkplatz mit Informationstafel über kürzere Rundwege.
Gehzeit: 3 Std.
Charakter: Rundweg zur hohen Aussichtswarte.
Einkehr: Johanniskreuz.
Wegmarkierungen: rotes Kreuz bis Eschkopf, gelb-roter Strich bis zur Fahrstraße via Iggelbach, blau-gelber Strich nach Erlenbach, grün-gelbes Kreuz bis Johanniskreuz.
Karte: KOMPASS Nr. 766 und 1:25 000 Kaiserslautern-Süd oder Waldfischbach – Burgalben – Rodalben.

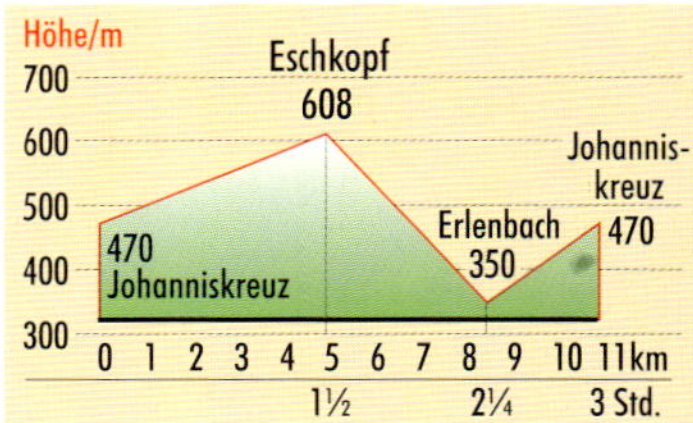

Am Ende des Wanderparkplatzes, dort wo die Straßen ins Elmsteiner Tal und in Richtung Annweiler die Hochfläche beim Johanniskreuz verlassen, beginnt unser Rundweg. Durch lichtes Altholz

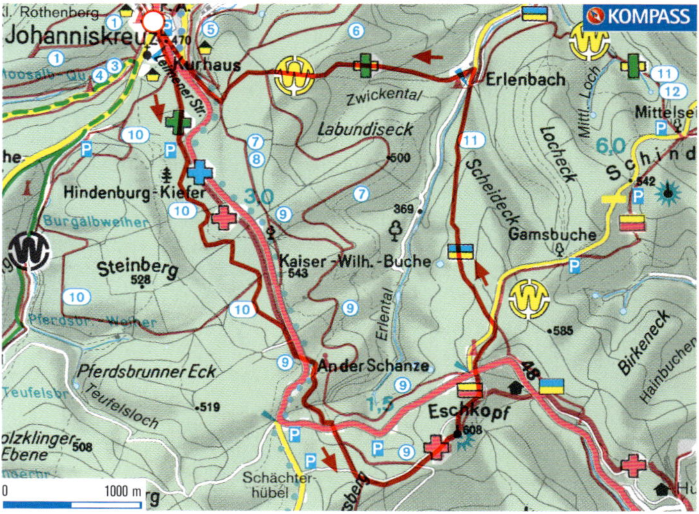

Fast echte Steinpilze beim Haus der Nachhaltigkeit.

und an uralten Grenzsteinen vorbei folgen wir der Mark. rotes Kreuz. Der Wanderweg hält sich parallel zur Straße, folgt ihr für ein kurzes Stück direkt und quert sie zweimal. Ein leichter Anstieg schließt sich an und erreicht den Aussichtsturm auf dem **Eschkopf**. Genau 98 Stufen führen hinauf zur Turmkrone mit ihrem kecken Balkon. Der in Wanderbeschreibungen vielleicht zu oft verwendete und dadurch etwas abgegriffene Begriff »großartige Rundsicht« ist hier unvermeidlich. Aus dem Turm tretend wenden wir uns halblinks, queren mit der gelbroten Strichmarkierung die Fahrstraße in Richtung Hofstätten und müssen bei der nächsten Straßenquerung genau auf die Markierung achten (gelb-blauer Strich), die etwas unauffällig angebracht ist und den Abstieg zum einsam gelegenen Weiler **Erlenbach** anzeigt. Vor Erreichen der Häusergruppe kommen wir an einen Weiher, bei dem sich die Wanderwege gabeln (Wegweiser Iggelbach 6 km, Speyerbrunn 2 km). Wir gehen noch wenige Schritte geradeaus und biegen dort links ab, wo zwei der wenigen Gebäude bis zur Straße vorspringen. Das gelb-grüne Kreuz begleitet den etwa 30 Min. dauernden Anstieg, der zur Straße und nach rechts zum Startpunkt unserer Wanderung führt.

JOHANNISKREUZ ▶ Tour 32, 34. Der **ESCHKOPF** ist mit 609 m der höchste Punkt im weiten Umkreis von Johanniskreuz. Der Turm ist ständig geöffnet; er wurde 1902 zur Landesvermessung errichtet. Einer seiner Vorgänger diente schon in napoleonischer Zeit als Telegraphenturm, um die Verbindung Paris-Mainz zu ermöglichen. Der Name Eschkopf (im Volksmund »Äscherkopp«) weist auf die frühere Gewinnung von Pottasche hin. Diese wurde aus der Holzasche gewonnen und spielte eine wichtige Rolle bei der Glas- und Seifenherstellung.

Johanniskreuz – Burgalbquelle – Leimen

Durch die weiten Johanniskreuzer Waldreviere

Ausgangspunkt: Johanniskreuz liegt südlich von Kaiserslautern und ist aus allen vier Himmelsrichtungen mit PKW gut zu erreichen. Großer Parkplatz mit Informationstafel über kürzere Rundwege.
Gehzeit: 5 bzw. 3½ Std.
Charakter: Ausgedehnte Waldwanderung ohne besondere Aussichtspunkte.
Einkehr: Johanniskreuz, Leimen (siehe jedoch Wegbeschreibung). Rucksackproviant wird empfohlen.
Wegmarkierungen: Weißes Kreuz bis Leimen, gelber Strich bis zur Fahrstraße Leimen – Johanniskreuz, weißer Punkt sowie blaues und grünes Kreuz bis Johanniskreuz, abkürzende Querspange mit gelb-rotem Strich.
Karte: KOMPASS 766; Waldfischbach – Burgalben – Rodalben (1:25000).

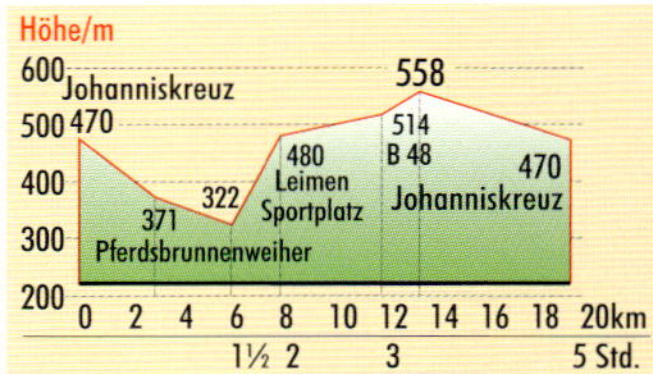

Das **Haus der Nachhaltigkeit** beim **Johanniskreuz** (▶ auch Tour 32) wurde als Infozentrum des Biosphärenreservates Pfälzerwald-Nordvogesen 2005 eröffnet. Unter den Begriffen Verstehen – Erleben – Genießen sollen die Gegebenheiten einer natürlichen Umgebung erklärt und bewusst gemacht werden.

Das Haus der Nachhaltigkeit.

Unsere Rundtour beginnt beim **Wanderparkplatz Johanniskreuz** am Waldrand, wo die Straßen in Richtung Elmsteiner Tal und Annweiler die Hochfläche verlassen. Die Mark. weißes Kreuz führt an mächtigen Holzlagern vorbei, wo die berühmten Furnier-Eichen aus dem Johanniskreuzer Waldrevier auf ihre Verarbeitung warten. Nach etwa 20 Min. gabeln sich die Wanderwege (gelbes Kreuz weist zur Hundsweihersägmühle 12 km). Wir bleiben jedoch im Talgrund und kommen zum **Burgalbursprung**. Glasklares Wasser schießt hier aus dem Quellweiher in einen Steintrog mit schönem Girlandenschmuck, der aus dem Trippstadter Schloss hierher in die Waldeinsamkeit versetzt wurde. Wir folgen dem Bachlauf (ab hier auch Schwarzbach genannt) und passieren dabei alte Holzkohlen-Brennöfen (Informationstafel zur »Spurensuche« ▶ Tour 32). Wenige Minuten später kommen wir an einen kleinen Weiher. (Empfehlenswerte Abkürzung: Wir folgen dem gelb-roten Strich nach links durch das stille **Großkirchtal**. Bald darauf ist genau auf die Markierung zu achten, denn der Wanderpfad biegt nach rechts vom Hauptweg ab. An der Fahrstraße Leimen – Johanniskreuz (B48) münden wir in den vielfach markierten Weg zum Johanniskreuz ein.) Wer jedoch weiter dem Schwarzbachtal folgend in Richtung Leimen wandert, wechselt unterhalb des **Pferdbrunnen-Weihers** auf die linke Talseite. Ein Wegweiser nach **Leimen** zeigt noch 3 km an, die einen kräftigen Anstieg durch ein Blockmeer bescheren. Beim Sportplatz münden wir in den mit gelbem Strich bezeichneten Weg ein (Wegweiser Hofstätten 5,9 km). Wir folgen diesem Wegweiser bis zur Straße Leimen – Johanniskreuz und bleiben auf dem schmalen Fußpfad links der Straße. An einem Stromhäuschen taucht dann die Mark. blaues und grünes Kreuz auf, die den unfehlbaren Rückweg nach Johanniskreuz anzeigt und parallel mit der empfohlenen Abkürzung verläuft. Bei schönem Wetter lohnt sich der kurze und gut bezeichnete Abstecher zum Aussichtsturm auf dem Eschkopf.

Die ursprünglichen Baumaterialien wie Holz, Lehm, Glas und Stein sowie die Nutzung der Sonnenenergie und der Wasservorräte werden veranschaulicht. Eine Dauerausstellung mit Multivision, Wechselausstellungen und viele Veranstaltungen bilden ein breites Angebot an Information. Das Haus der Nachhaltigkeit ist täglich außer Montag geöffnet: September – Mai 10-16 Uhr, Juni – August 10-18 Uhr.

35

Johanniskreuz – Antonihof – Aschbacherhof – Trippstadt

Große Rundtour im Herzen des Pfälzerwaldes

Ausgangspunkt: Johanniskreuz liegt südlich von Kaiserslautern und ist mit PKW gut zu erreichen. Großer Parkplatz mit Informationstafel über kürzere Rundwege.
Gehzeit: 5 Std.
Charakter: Ruhige Waldstrecke für ausdauernde Wanderer.
Einkehr: Johanniskreuz, Aschbacherhof, Trippstadt.
Wegmarkierungen: Blaues Kreuz bis Wendepunkt vor dem Weiherfelderhof, roter

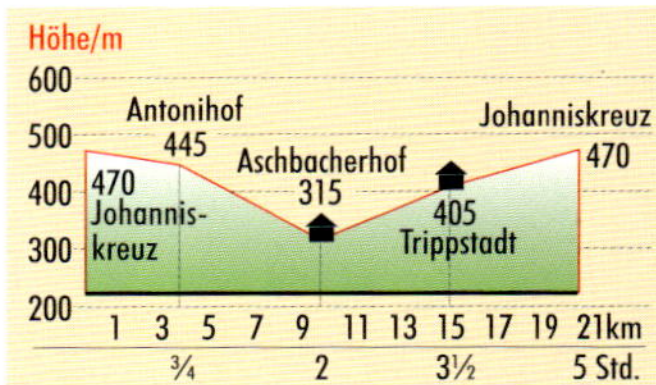

Strich nach Trippstadt, gelb-grünes Kreuz nach Johanniskreuz.
Karte: KOMPASS Nr. 766 und 1:25 000 Kaiserslautern-Süd.

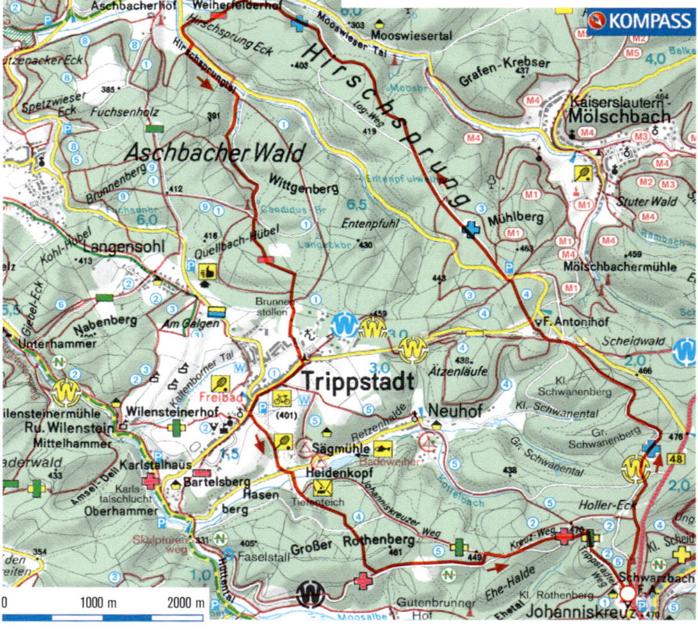

Hoch geschätzt und hoch gehandelt: Werteichen vom Johanniskreuz.

Unser mit dem blauen Kreuz bezeichneter Wanderweg tritt als schmaler Pfad dort in den Wald ein, wo auch die B 48 in Richtung Bad Kreuznach (Straßenschild) die offene Hochfläche um **Johanniskreuz** verlässt.
Vor den Toren des **Antonihof** stoßen wir auf Wegtafeln der »Spurensuche« (▶ Tour 32) und queren dann beim Wanderparkplatz **Am Hirschsprung** noch einmal die Fahrstraße (Wanderwegweiser in Richtung Kaiserslautern). Die folgende Etappe berührt keine touristischen Höhepunkte. Auf ruhigem Waldweg erreichen wir die Pferdekoppeln des Reiterhofes, wobei das letzte Teilstück steil bergab führt. Direkt am Waldrand, also noch vor Erreichen der Fahrstraße, wenden wir uns nach links (roter Strich) und queren bald darauf die Fahrstraße (Wandertafel Trippstadt 5,5 km). Hier ist ein ganz kurzer Abstecher zum nahen **Aschbacherhof** möglich. Ein Turm erinnert dort noch an die ehemalige Kirche. Sie war nach der Reformation die erste evangelische Kirche der Pfalz und Begräbnisstätte für die Toten der weiten Umgebung. Durch das **Hirschsprungtal** kommen wir zum **Candidusbrunnen** und erreichen den gastlichen Luftkurort **Trippstadt** über die Höhenstraße. In der Ortsmitte finden wir am Beginn der Heidenkopfstraße das gelb-grüne Kreuz (Wegtafel Johanniskreuz 6 km). Es führt hinab zu einem flachen Talgrund und über den Johanniskreuzer und Trippstadter Weg zurück zum Startpunkt **Johanniskreuz**.

In einer Beschreibung aus dem 19. Jh. ist zu lesen: »Der Name ›JOHANNISKREUZ‹ rührt von einem alten steinernen Kreuz her, das hinter dem Forsthaus auf der Straße nach Kaiserslautern steht. Vielleicht ist es ein bloßes Wetterkreuz; nach der Sage aber soll es das Grabmal eines schwedischen Generals sein, der hier im Dreißigjährigen Krieg gefallen ist. Der Herbst, der noch im November die sonnigsten Tage bringt, während der Rheinnebel die Vorderpfalz deckt, ist hier die schönste Jahreszeit. Aber der Winter bringt dann schauerlich einsame Tage und Nächte, besonders im Gedanken an das Elend in den überschneiten Einödhütten des Gebirges.« Das Steinkreuz steht noch an alter Stelle, längst ist das Johanniskreuz zu einem ganzjährig beliebten Treffpunkt für Spaziergänger, Wanderer, Radfahrer und Motorradfreunde geworden. Man kann dem lebhaften Trubel aber schnell entfliehen, denn sechs Hauptwege des Pfälzerwald-Vereins bündeln sich beim Johanniskreuz und entführen schnell in die Stille (▶ auch Tour 32, 33, 34).

Trippstadt – Karlstal – Stelzenberg – Langensohl

Wo einst Eisen geschmiedet wurde.

Ausgangspunkt: Trippstadt liegt südlich von Kaiserslautern, nach dort gute Busverbindung. Parkplatz in der Ortsmitte bei der Karlstalhalle.
Gehzeit: 4 Std.
Charakter: Landschaftlich schöner Weg auf den Spuren der einstigen Eisenbarone.
Einkehr: Trippstadt, Klugsche Mühle, Naturfreundehaus Finsterbrunnental, Stelzenberg.
Wegmarkierungen: Roter Strich bis Oberhammer, rotes Kreuz durch das Karlstal bis kurz nach Haltepunkt Karlstal, gelb-blauer Strich über Stelzenberg und Langensohl nach Trippstadt.
Karte: KOMPASS Nr. 766 und 1:25 000 Kaiserslautern-Süd.

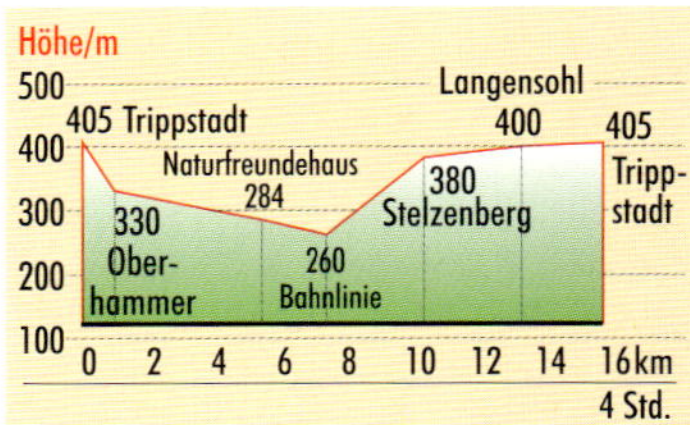

Mit der Markierung roter Strich wandern wir ab Ortsmitte die Hauptstraße abwärts und verlassen Trippstadt am Ortsrand nach links durch die Schanzstraße. Durch einen schmalen Schlupf geht es hinab zum Talgrund beim **Oberhammer**. Wir wenden uns nach rechts, folgen etwa 200 m der Straße und entdecken bei der

Trippstadt ist ein anerkannter und viel besuchter Luftkurort. Die Wanderung führt über das Kernstück des Trippstadter Eisenhüttenweges (1999).

Er erinnert an die Eisenindustrie im 18. und 19. Jh., deren Betriebsstätten im Moosalbtal lagen, um die Wasserkraft nutzen zu können. Im Museum wird die Geschichte dieses frühen Industriezeitalters lebendig.

Bild oben und unten: Im Karlstal bei Trippstadt.

Straßengabelung das rote Kreuz, das über Treppen zum Bett der Moosalbe hinabführt. Das folgende Wegstück durch die **Karlsschlucht** ist sicherlich eine der schönsten und romantischsten Wegpartien im Pfälzerwald. Unser Pfad schlängelt sich über Stege und durch ein Felsengewirr talwärts und bildet einen herrlichen Spielplatz für Kinder und Junggebliebene. Das sich später allmählich weitende Tal führt zur **Klugschen Mühle** und an Forellenteichen vorbei zum **Naturfreundehaus** am Eintritt des Finsterbrunnertales. Wir wandern weiter talwärts, bis uns die Markierung zum rechten Talrand und zum ehemaligen **Haltepunkt Karlstal** hinüber leitet. Für etwa 200 m begleiten wir den Schienenstrang, dann vertrauen wir uns der Markierung gelb-blauer Strich an, die nach rechts abzweigt und den kurzen Anstieg nach **Stelzenberg** weist. Beim **Forsthaus Horst** erreichen wir die Hochfläche und gleich darauf den gleichnamigen Wanderparkplatz. Wir halten uns rechts und gehen über den Römerweg an beneidenswerten Wohnlagen vorbei nach **Langensohl** und zurück zum Startpunkt in Trippstadt.

37

Ein Spaziergang zur Pfälzer Weltachs

Abstecher zum »Nabel der Welt«

Ausgangspunkt: Parkplatz »Am Stal« an der B48 zwischen Johanniskreuz und Hochspeyer am Abzweig nach Waldleiningen (L504).
Gehzeit: Knapp eine Stunde.
Charakter: Kurzer Rundweg ohne nennenswerten Anstieg.
Einkehr: Am nahen Johanniskreuz, Waldleiningen oder Hochspeyer.
Wegmarkierungen: Örtliche Rundwegmarkierung »3«.
Wanderkarte (entbehrlich): KOMPASS Nr. 766 oder 1:25 000 Enkenbach – Alsenborn – Hochspeyer.

Der kleine und kurze Rundweg ist schnell beschrieben: Die örtliche Markierung »3« führt in leichtem Anstieg in ungefähr 20 Minuten hinauf zum aussichtsreichen Felsklotz und zieht in einem engen Kreis um den kleinen Roßrück zum Parkplatz zurück.

Schon diese in einem Wanderheim entdeckte Inschrift beweist eindringlich: Falsche Bescheidenheit ist dem Pfälzer von Natur aus fremd.

Ein besonders eindrucksvolles Zeugnis der pfälzischen Bescheidenheit ist der als »Ende der Weltachse« bezeichnete Vermessungsstein auf dem Kleinen Roßrück.

Die Erhebung des **Kleinen Roßrück** (459 m) versteckt sich ganz bescheiden im nördlichen Pfälzerwald, hat keine gastliche Wanderhütte und keinen Aussichtsturm vorzuweisen und wäre eigentlich nicht erwähnenswert, würde dort nicht das **»Ende der Weltachse«** aus dem Boden ragen. Der Felsblock diente schon in napoleonischer Zeit als Vermessungspunkt für Höhenbestimmungen und kartografische Geländeaufnahmen.

Es war wohl dem Pfälzer Heimatdichter Paul Münch vorbehalten, hier den Nabel der Welt zu entdecken. Falsche Bescheidenheit ist dem Pfälzer ohnehin fremd, und weil er seine liebenswerte Heimat natürlich als den Mittelpunkt der Welt sieht, war der Schritt, die Verantwortung für den gut geschmierten Lauf der Welt zu übernehmen, nicht mehr weit.

»Do wird die Weltachs ingeschmeert und ufgebaßt, daß nix passeert.«

Man sieht eine Figur mit einer Ölkanne; die Inschrift hat die Rechtschreibreform überstanden, und dem fleißigen Öler möge nie der Schmierstoff ausgehen!

Vom Gelterswoog durch das Walkmühltal

Eine stadtnahe Naturoase

Ausgangspunkt: Der Gelterswoog liegt an der B270, südwestlich von Kaiserslautern. Parkgelegenheit am Südufer beim Seehotel, Abzweig von der B 270 in Richtung Queidersbach, sofort rechts abbiegen; Parkplatz an der Zufahrt zum Campingplatz.

Gehzeit: 2 Std., Variante 4 Std.

Charakter: Schöne und bequeme Wege durch das Naturschutzgebiet.

Einkehr: Gelterswoog, bei Variante auch Breitenau.

Wegmarkierungen: Rotes Kreuz bis Wendepunkt, gelb-blauer und grün-gelber Strich bis Ausgangspunkt.

Variante ▶ Wegbeschreibung im Kasten.

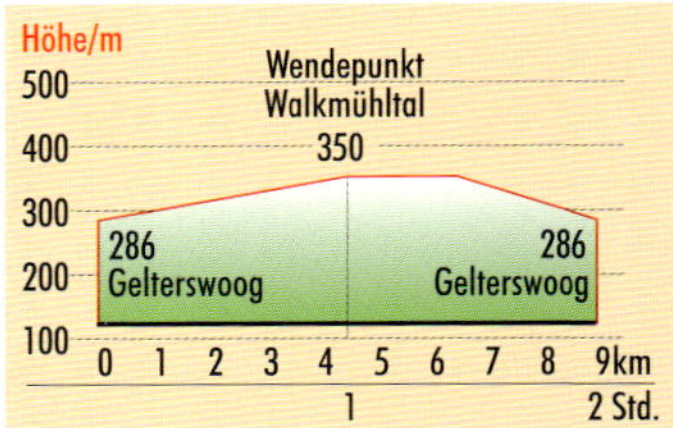

Das **Strandbad Gelterswoog**, im Volksmund auch Hohenecker Weiher genannt, ist das größte Freibad in Rheinland-Pfalz und wird an schönen Sommertagen zum Treffpunkt der Wasserfreunde aus weitem Umkreis. Die Wanderung führt durch das Naturschutzgebiet Walkmühltal und berührt die Nordroute des Pfälzer Jakobsweges nach Santiago de Compostela in Nordwestspanien (▶ Tour 47).

Karten: KOMPASS 766; Kaiserslautern-Süd (1:25000).

Am Gelterswoog, dem größten Freibad der Pfalz.

Der gut markierte Weg zieht entlang des **Gelterswoog** am **Campingplatz** vorbei in das seit 1997 ausgewiesene **Naturschutzgebiet Walkmühltal** hinein. Bald gibt der **Jakobstein** Auskunft über den langen Pilgerweg nach Santiago de Compostela. Der kaum spürbare Anstieg führt durch das allmählich enger werdende Tal, vorbei an geradezu verwunschen wirkenden Weihern und gurgelnden Quellen. Trotz der Großstadtnähe ist der Wanderweg wenig begangen und am frühen Morgen für Ornithologen ein wahres Paradies, denn es pfeift und zwitschert im Frühling aus allen Ecken. Nach einer guten Stunde reiner Gehzeit, zuletzt durch ein Trockental ansteigend, erreicht man eine Wegspinne mit offener Schutzhütte. Schon wenige Schritte zuvor verlassen wir die Markierung rotes Kreuz und gehen mit dem gelb-blauen Strich im spitzen Winkel nach links zurück. Der Weiterweg knickt später zweimal nach links vom Hauptweg ab, ist aber lückenlos markiert. Nach 30 Min. Gehzeit seit Abzweig weist der grün-gelbe Strich nach links und geleitet in das Walkmühltal zurück, wo wir etwa 1 km vor dem Startpunkt wieder einmünden.

Variante

Am zuletzt genannten Abzweig biegen wir nach rechts ab (Wegweiser Forsthaus Stempelberg und gelb-blauer Strich). Leicht ansteigend führt der Weg zu einer Wegspinne mit Schutzhütte; hier geht es auf schmalem Hangweg weiter. Der Pfad knickt wieder links ab, scheint wenig begangen, ist aber deutlich markiert. Bald ist die Fahrstraße erreicht, die in Höhe eines Obelisken (erstellt im Juli 2005) gequert wird. Nun muss ein langes Wegstück auf wenig befahrenem Sträßchen hinab ins Schweinstal in Kauf genommen werden. Vorbei an mehreren Steinskulpturen und am Natursteinwerk Picard stoßen wir auf die B 270, die wir überqueren. Auf dem Trippstadter Eisenweg geht es nach links der Bahn entlang und am Walzweiher vorbei auf dem »Engelhardtspädche« nach Breitenau. Ab hier war bei der letzten Begehung die Markierung abgeändert und etwas unklar. Um ganz sicher zu gehen, sollte man das letzte kurze Wegstück bis zum Startpunkt entlang der Straße zurücklegen.

Hofstätten – Annweiler Forsthaus – Hermesbergerhof – Luitpoldturm

Stramme Tagestour mit Alternative

Ausgangspunkt: Hofstätten liegt nahe der B 48, die bei Rinnthal, nordwestlich von Annweiler, von der B 10 abzweigt und über Johanniskreuz nach Kaiserslautern führt. Hofstätten ist mit öffentlichen Verkehrsmitteln schwer zu erreichen, da nur eine dünne Busverbindung in Richtung Annweiler besteht. Parkmöglichkeiten finden sich in der Ortsmitte.

Gehzeit: 5 Std.

Charakter: Lange Rundtour oder erholsamer Familientag (▸ Kasten).

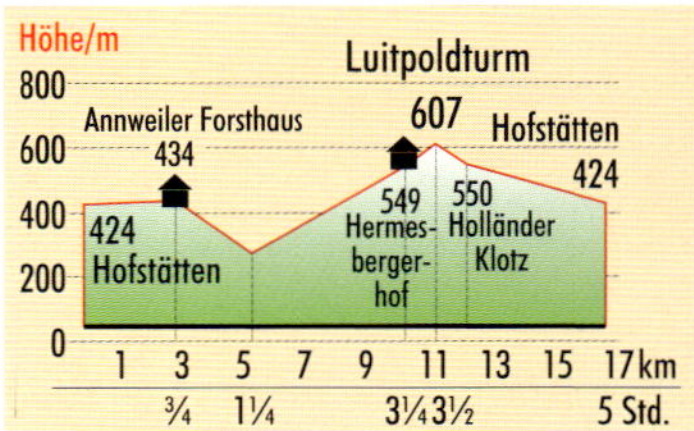

Einkehr: Hofstätten, Annweiler Forsthaus, Hermesbergerhof.

Wegmarkierungen: Blau-gelber Strich über Annweiler Forsthaus bis zur Einmündung in Wanderweg mit blau-weißem Strich am Kaltenbach. Mit diesem Zeichen über Hermersbergerhof bis zum Wanderweg mit blauem Kreuz, auf diesem zum Luitpoldturm und zum Holländer Klotz. Ab der nächsten bezeichneten Gabelung blau-roter Strich bis Hofstätten.

Karte: KOMPASS 766; Hauenstein und Umgebung (1:25 000).

Gastliche Einkehr im Annweiler Forsthaus.

Am Ausgangs- und Zielpunkt **Hofstätten** bieten sich mehrere Einkehrmöglichkeiten. Direkt beim Ghs. Altes Forsthaus entdecken wir die Wegmarkierung blau-gelber Strich, die uns kurz bergan geleitet und dann den Weiterweg zum **Annweiler Forsthaus** anzeigt (2,5 km). Mit gleicher Mark. folgen wir dem schmalen Zufahrtssträßchen talwärts, bis unser Wanderweg nach rechts abzweigt und später in den blau-weiß markierten Weg einmündet, der in einem spitzen Winkel nach rechts verläuft. Es folgt ein stellenweise recht steiler Anstieg, der über die **Hahnenhütte** zum **Hermesbergerhof** führt. Ein kleines Wintersportgebiet mit Skilift und Rodelbahn trotzt hier in geringer Höhe (549 m) noch eisern der Erderwärmung und dem Klimawandel. Wir folgen noch für etwa 15 Min. dem vertrauten Wegzeichen, wandern dann aber mit dem blauen Kreuz hinauf zum **Luitpoldturm** und genießen die großartige Rundsicht von der Turmkrone. Das letzte Wegstück ist identisch mit Tour 40. Wir queren beim **Holländer Klotz** das Fahrsträßchen nach rechts und biegen bei der nächsten Gabelung der Wanderwege rechts ab. Dem blau-roten Strich folgend sind wir schnell zurück in **Hofstätten**.

Hofstätten wurde im Jahre 1857 wie folgt beschrieben: »Hoch über dem steilen Talgrund, auf der Gebirgsfirne, liegt das kleinste, abgelegenste, einsamste und höchste Dorf der Pfalz: Hofstädten oder Hochstedten, zu dem ein Steig emporführt. Es fristet seine armselige Existenz durch den Erwerb in den Wäldern«. Heute ist Hofstätten zwar immer noch klein und abgelegen, hat sich aber zu einem beliebten Ausflugsort ohne Durchgangsverkehr entwickelt. Auch das **Annweiler Forsthaus** ist ein beliebter Treffpunkt mit schönen Spielmöglichkeiten und großem Platzangebot für Kinder. Ein **Familientag am Annweiler Forsthaus** wäre also eine Alternative zu der empfohlenen Wanderung, bei der die Kinder viel Freude, die Eltern erholsame Stunden finden könnten. Der große Bolzplatz bietet Gelegenheit, sich trotzdem körperlich auszutoben. Die Zufahrt erfolgt über ein schmales Stichsträßchen, das etwa 7 km unterhalb (südlich) des Abzweigs nach Hofstätten von der B48 abzweigt.

Hofstätten – Burgruine Gräfenstein – Luitpoldturm

Lange Rundtour auf einsamen Pfaden

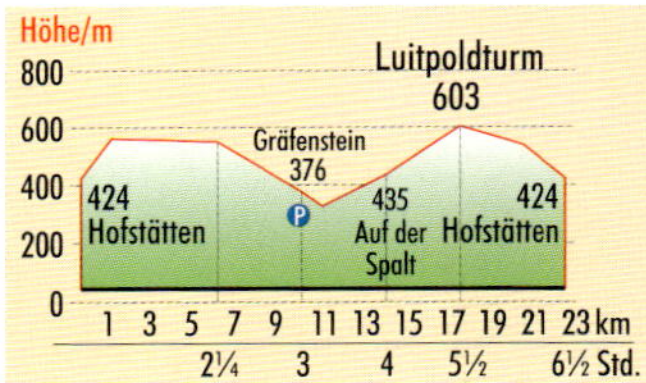

Ausgangspunkt: Hofstätten liegt nahe der B 48, die bei Rinnthal, nordwestlich von Annweiler, von der B 10 abzweigt und über Johanniskreuz nach Kaiserslautern führt. Hofstätten ist mit öffentlichen Verkehrsmitteln nur schwer zu erreichen; es besteht eine spärliche Busverbindung nach Annweiler. Parkgelegenheit im Dorf.
Gehzeit: 6½ Std.
Charakter: Anspruchsvolle Rundwanderung mit kräftigen Anstiegen.
Einkehr: Nur in Hofstätten; Rucksackvesper erforderlich. Ab Burg Gräfenstein kann sonntags auch die Gräfensteiner Hütte in einem Abstecher angepeilt werden.
Wegmarkierungen: Gelber Strich bis Einmündung in Wanderweg mit grünem Kreuz, auf diesem bis Ruine Gräfenstein. Ab Parkplatz unterhalb der Ruine mit blau-weißem Strich in Richtung Hermersbergerhof. 500 m vor Luitpoldturm Einmündung in Weg mit blauem Kreuz, damit zum Turm und bis Holländer Klotz. Hier Fahrstraße queren und mit blau-rotem Strich nach Hofstätten.
Karte: KOMPASS 766; Hauenstein und Umgebung (1:25 000).

Die **Burg Gräfenstein** entstand wie die meisten Burgen des Pfälzerwaldes im 12. Jh. Schon im Bauernkrieg (1525) und mehrmals im 17. Jh. wurde die Anlage zerstört. Aber noch immer beeindruckt die Harmonie der noch bestehenden Bauteile und lässt die Schönheit der ehemaligen Burg erahnen. Der Bergfried kann bestiegen werden und bietet eine schöne Rundumsicht. Allerdings wird eine gewisse Trittsicherheit vorausgesetzt, denn auf den ersten Metern der Treppe tappt man buchstäblich im Dunkeln. Der 30 m hohe **Luitpoldturm** ist im Besitz des Pfälzerwald-Vereins und wurde schon 1909 errichtet. Die Aussicht reicht vom Donnersberg im Norden bis zu den Vogesen und zum Schwarzwald.

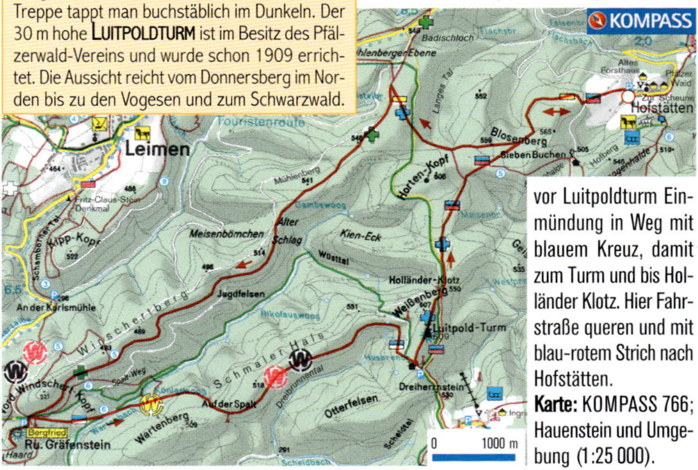

Burgruine Gräfenstein.

In **Hofstätten** steigt man durch die **Hohlstraße** sofort recht steil an. Am Ende eines Hohlwegs ist genau auf die etwas zurückversetzte Markierung zu achten, denn der Wanderweg verlässt den Hauptweg nach rechts. Auf schönem Waldpfad geht es bergan bis zur Einmündung in einen breiten Fahrweg, dem wir nach rechts folgen (Wegweiser Richtung Johanniskreuz).

Nach einer guten Wanderstunde auf fast gleichbleibender Höhe erreichen wir eine markante Wegkreuzung (Wegweiser Johanniskreuz 7,5 km). Wir biegen links ab (Wegweiser Ruine Gräfenstein 8 km) und folgen nun dem grünen Kreuz. Der folgende Wegabschnitt führt durch ständig wechselnde Waldbilder in einer ursprünglichen Landschaft. Die Markierung ist lückenlos, erfordert aber eine gewisse Aufmerksamkeit, weil der Fußpfad mehrmals den Hauptweg verlässt und unvermittelt abknickt. Der lange Abstieg mündet am Fuße der **Burgruine Gräfenstein** in den Parkplatz. Nach dem Abstecher zur Ruine weist eine Wegtafel zum Hermersbergerhof die weitere Richtung. Wir queren den Talgrund, dann steigt der Weg stetig aber nie sehr steil an und führt zum Pkt. **Spalt** (Gedenkstein, Sitzbänke). Weiter entlang des Berghanges zieht der Pfad durch ein Blockmeer bergan zum **Luitpoldplatz**, der sich bereits in Sichtweite des **Luitpoldturmes** befindet.

Trotz der langen Wanderstrecke sollte man die 182 Stufen des Aufstiegs noch bewältigen. Unser Weiterweg folgt kurz dem Fahrsträßchen zum **Holländer Klotz**. Der Steinbrocken erinnert daran, dass nicht nur die Schwarzwaldtannen, sondern auch die wertvollen Eichen des Pfälzerwaldes nach Holland verkauft wurden. Wir queren hier den Fahrweg nach rechts und münden wenig später in den Weg ein, auf dem wir unsere lange Rundtour ab **Hofstätten** angetreten haben.

Auf dem Felsenweg von Wilgartswiesen zur Falkenburg

Zur Burgruine auf hoher Warte

Ausgangspunkt: Wilgartswiesen liegt an der B 10 zwischen Annweiler und Pirmasens. Gute Bus- und Bahnverbindungen. Parkmöglichkeiten in der Ortsmitte.
Gehzeit: 2½ Std.
Charakter: Wenig anstrengende Rundtour zu beherrschender Felsenkanzel.
Einkehr: Wilgartswiesen.
Wegmarkierung: »F« (Felsenweg).
Karte: KOMPASS Nr. 766 und 1:25 000 Hauenstein und Umgebung.

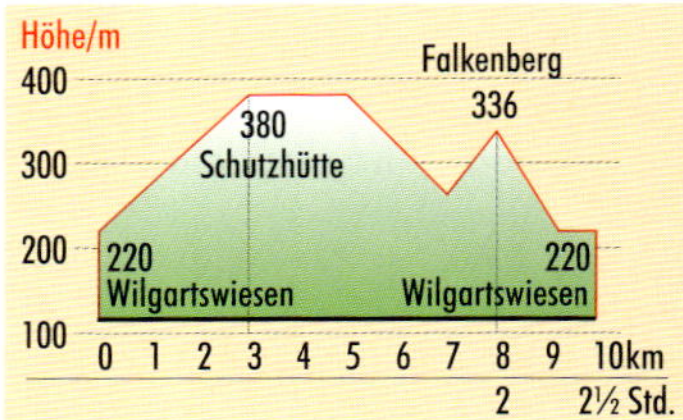

Wir verlassen den Ortskern von **Wilgartswiesen** über die Herrengasse am alten Steinbrunnen. Am letzten Gebäude rechts des Weges ist eine ganze Palette von Wegzeichen aufgemalt, wir folgen jedoch auf dem ganzen Rundweg dem »F«. Der anfänglich betonierte Weg erreicht nach 15 Min. einen Bergsattel, wo wir uns am Wasserwerk vorbei nach links wenden. Nach 40 Min. Gehzeit erreichen wir bei einer Schutzhütte die Höhe. Der genüssliche, fast topfebene Wanderweg führt weiter zum **Wasgaublick**, einem feinen Rastplatz rechts des Wegs, zu dem einige Treppenstufen hinauf führen. Wenig später ist die Fahrstraße zum Hermersbergerhof erreicht. Wir bleiben diesseits der Straße und folgen dem schmalen Pfad nach links, der anfänglich parallel zur Straße verläuft,

Der Wasgaublick bei Wilgartswiesen.

sich dann aber in einen tiefen Hohlweg absenkt. Noch einmal berühren wir die Straße, ein Ritterstein erinnert hier an die alte Straßenführung, und über dem Taleinschnitt entdecken wir die **Falkenburg**.

Der breite Schotterweg wird gleich wieder nach links verlassen. Ein kräftiger aber kurzer und gut markierter Anstieg führt hinauf zum Felssporn, den wir über eine solide Holztreppe erklimmen. Tief unter uns braust der Verkehr über die B 10 zwischen Landau und Pirmasens.

Dicht beim Fuß der Treppe beginnt der Abstieg durch schönes Buchen-Altholz. Wir queren den Talgrund und kommen auf der rechten Talseite zurück nach **Wilgartswiesen**.

Die Geschichte von **WILGARTSWIESEN** ist zurück bis ins Jahr 828 nachzuweisen; damit ist der Ort die älteste Gemeinde im Queichtal. Wilgartswiesen konnte bis zur Verwaltungsreform die größte Waldgemarkung in Rheinland-Pfalz vorweisen. Über die Entstehung der Falkenburg ist wenig bekannt, die Gründung wird in das 11. Jh. datiert. Erstmals wird die Burg im Jahre 1246 in einer Urkunde unter König Konrad als Reichsfeste genannt. Die Ruine krönt ein schmales Felsenriff in einer Länge von 128 m und einer Breite von 20 m. Die endgültige Zerstörung erfolgte 1689. Wilgartswiesen liegt an der Schnittlinie der Wanderführer Pfalz Süd und Pfalz Nord, die durch das Queichtal gebildet wird.

Das nahe **PIRMASENS** ist bis heute die Schuhmetropole Deutschlands. Im weiteren Umkreis, dem »Schlabbeflickerland«, wie es die Einheimischen humorvoll nennen, bieten sich zahlreiche Einkaufsmöglichkeiten für Schuhe und Lederwaren. In Hauenstein, wenige Kilometer entfernt, hat sich eine Einkaufsmeile mit mehr als 20 modernen Einkaufsstätten entwickelt, die dem Ort den Namen »Deutschlands größtes Schuhdorf« eingebracht hat. Mehr als 500 000 Paar Schuhe warten hier auf Käufer. Auch in Wilgartswiesen bietet sich ein Werksverkauf an.

Hinterweidenthal – Rotenstein – Burg Gräfenstein – Wieslauterquelle

In der Kernzone des Biosphärenreservats

Ausgangspunkt: Hinterweidenthal ist Bahnstation an der Strecke Landau-Pirmasens. Parkplatz: Auf der B 10 aus Richtung Annweiler kommend liegt rechts, noch vor der Ampel am Abzweig via Bad Bergzabern, ein Parkplatz für Bahnkunden. Noch vor diesem Parkplatz biegt man rechts ab (unbeschildert), unterquert die Bahn durch einen Tunnel und findet Parkmöglichkeit beim Informations-Pavillon.
Gehzeit: 4½ Stunden.
Charakter: Schöne Waldpfade zu einer er-

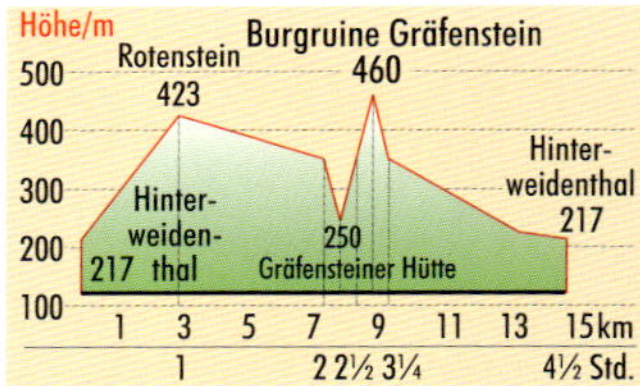

habenen Aussichtswarte.
Einkehr: Hinterweidenthal, Gräfensteiner Hütte.
Wegmarkierungen: Gelb-grüner Strich über Rotenstein bis Sitzgruppe bei Felsen, weißer Punkt und örtliche Wegweiser bis Einmündung in grünes Kreuz, mit diesem bis Burgruine Gräfenstein. Bei Wegspinne am Fuß der Burg Abstecher zur Gräfensteiner Hütte (blau-weißer Strich). Rückweg ab Wegspinne mit rotem Strich.
Karte: KOMPASS Nr. 766 und 1:25 000 Hauenstein und Umgebung.

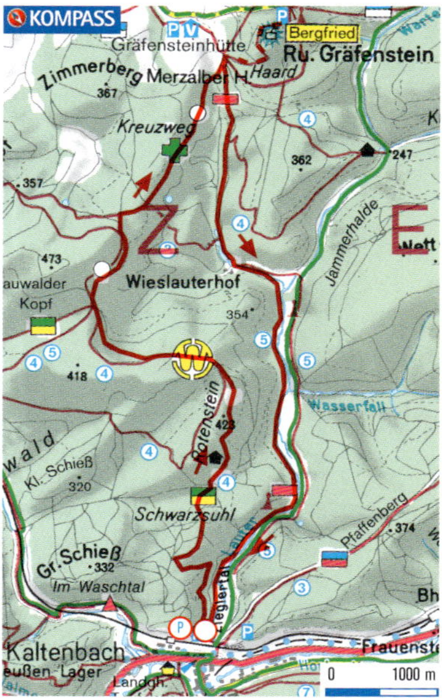

Der Eingang zum erwähnten Bahntunnel ist reichlich mit Wanderzeichen garniert, und am ersten Baum nach Passieren weist unser gelb-grüner Strich nach links, um gleich nach Queren der Wieslauter noch einmal links abzubiegen. Schnell bleibt der Verkehrslärm hinter uns. In stetem aber nie sehr steilen Anstieg erreichen wir nach gut einer Stunde das Felsmassiv des **Rotenstein** (Schutzhütte).

Ritterstein an der Wieslauterquelle bei Hinterweidenthal.

Ein schöner Pfad – ein Poet würde ihn als »verwunschen« bezeichnen – führt sanft abwärts, und genau vor uns sehen wir in einiger Entfernung unser Wanderziel, die Burgruine Gräfenstein.
Nach etwa 30 Min. seit Rotenstein ist bei einigen Felsblöcken eine Sitzgruppe erreicht. Nun folgen wir für 800 m dem weißen Punkt und münden in den Weiterweg zur Burg ein, der mit dem grünen Kreuz deutlich markiert ist. An der Wegspinne, zu der wir später zurückkehren, kann nach links in 15 Min. die **Gräfensteiner Hütte** durch einen abwärts führenden Hohlweg erreicht werden. Das grüne Kreuz führt recht steil hinauf zur **Burgruine Gräfenstein**, die auch das Merzalbener Schloss genannt wird. Oben vom Bergfried bietet sich eine weite Rundsicht, der Aufstieg muss allerdings auf den ersten Metern buchstäblich ertastet werden, denn es herrscht absolute Dunkelheit im Innern. Der Rückweg ab der erwähnten Wegspinne verläuft auf schönem schmalen Waldpfad mit der Markierung roter Strich talwärts.
Später münden wir in einen breiten Sandweg ein, der die **Wieslauterquelle** passiert (Inschrift »1912« am Felsen links des Wegs). Später wechselt unsere gut bezeichnete Route die Talseite und führt stets in Nähe der glasklaren jungen Wieslauter zum Parkplatz zurück.

Das Gebiet um die Quelle der Wieslauter bildet die größte Kernzone des **Biosphärenreservates Pfälzerwald-Nordvogesen**. Hier unterbleibt jeder menschliche Eingriff in die Natur, damit sich der »Urwald von morgen« entwickeln kann. Der Pavillon am Startpunkt der Wanderung liefert dazu ausführliche Infos. Die **Gräfensteiner Hütte** wurde im September 2005 durch Brandstiftung bis auf die Grundmauern zerstört. Die Täter wurden zwar überführt und bestraft, aber die ehrenamtliche Arbeit vieler Freiwilligen und die gesamte Ausstattung der gemütlichen Wanderhütte sind vernichtet. Der Neubau soll 2007 eingeweiht werden. Burgruine Gräfenstein ▶ Tour 40.

Rodalben – Bärenfelsen – Bruderfelsen – Bierkeller

Zur größten natürlichen Felsenhöhle der Pfalz

Ausgangspunkt: Rodalben liegt nordwestlich von Pirmasens. Bahnverbindung in Richtung Landau und Saarbrücken. Gute regionale Busverbindungen. Parkplatz Ecke Hauptstraße/Pirmasenser Straße gegenüber Hotel »Zum grünen Kranz«.
Gehzeit: 3 Std.
Charakter: Abwechslungsreicher Weg zu schönen Felsgebilden.
Einkehr: Rodalben.
Wegmarkierungen: Symbol »F« (Felsenweg).
Karte: KOMPASS Nr. 766 und 1:25 000 Waldfischbach – Burgalben – Rodalben und örtlicher Plan (▶ Kastentext).

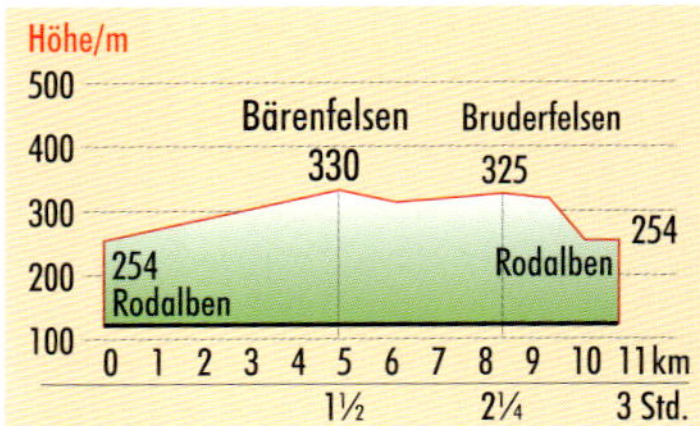

Die Wandervorschläge 43 und 44 sind Teile des Rodalber Felsenweges.
Diese imposante Wegstrecke führt in 5 Tagesetappen einschließlich der jeweiligen Zu- und Abgänge über rund 62 km.
Eine Broschüre und ein örtlicher Wanderplan im Maßstab 1:10 000 zeigen alle Details und Sehenswürdigkeiten dieser Langstreckenwanderung auf.

Vom Parkplatz **Rodalben** aus folgen wir zunächst für etwa 400 m der Pirmasenser Straße (grüner

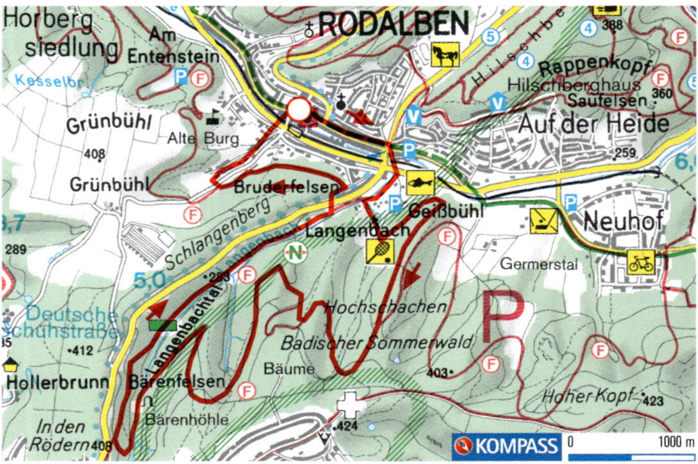

Rodalber Felsenweg.

Strich), bis ein Sträßchen nach links abzweigt (Wegweiser zu den Tennisplätzen). Vor einem hoch gelegenen Gebäude wählen wir den nach links führenden Waldweg, biegen bei nächster Gelegenheit links ab und folgen dem breiten Sandweg, der leicht ansteigt. Oberhalb der Tennisplätze, die links unten liegen, biegt der Weg scharf nach rechts ab, steigt langsam an und mündet nach 1400 m seit Parkplatz in den bezeichneten Felsenweg ein (Pfosten Nr. 72). Ein Wegweiser zum Steigert zeigt den Weiterweg an. Bei der nächsten Weggabelung bleiben wir auf dem unteren Pfad und passieren die **»Dicke Buche«**, ein Baumriese von 45 m Höhe, dessen Alter auf rund 300 Jahre geschätzt wird. Der schmale Pfad führt zum Steigert, einem freien Platz mit Sitzgruppe. Ein Wegweiser zeigt weiter in Richtung Wüst – Langenbach, und bald tauchen auch die Wegweiser zum **Bärenfelsen** auf. Dort stehen wir vor der größten natürlichen Felsenhöhle der Pfalz, die unter einem mächtigen Felsendach liegt. Nun steigt unser Weg über Steinstufen an und zieht unterhalb der Fahrstraße am Berghang entlang (Wegweiser Bruderfelsen 2,1 km). Wir queren die stark befahrene Straße und finden gleich gegenüber die Fortsetzung des Wegs, der schnell zum **Bruderfelsen** hinauf führt (Sitzgruppe). Der zweigeteilte Felsklotz ist das Wahrzeichen des Städtchens Rodalben. Ein Wegweiser via Stadtmitte (Otto-Stolz-Weg) geleitet zu einem schönen, steigungsfreien und ginsterbestandenen Weg, der zum **Bierkeller** führt. Ca. 100 m unterhalb des alten, längst nicht mehr genutzten Felsenkellers biegen wir rechts ab und kommen schnell zum Stadtrand. Dort halten wir uns rechts (Bambuschstraße), kommen zur Brücke und steigen die Treppe im Brückenpfeiler hinab. Über die Bahnhofstraße geht es zurück zum Parkplatz.

Ein besonderes Ereignis ist der alljährlich im September stattfindende **RODALBER WANDER-MARATHON**. Er misst genau die klassische Länge von 42,195 km und bietet eine echte Herausforderung an Wanderer mit guter Kondition. Alle Infos sind erhältlich bei der Tourist-Information Gräfensteiner Land, Am Rathaus 9, 66976 Rodalben, Telefon 06331-234-180.

Rodalben – Felsenweg – Karl-May-Felsen – Geißbühlkopf

Schöne Pfade durch romantische Felsszenerie

Ausgangspunkt: Rodalben liegt nordwestlich von Pirmasens. Bahnverbindung in Richtung Landau und Saarbrücken. Gute regionale Busverbindungen. Parkplatz bei Freizeiteinrichtung Schwallbornanlage. Abfahrt von der Umgehungsstraße in Richtung Stadtteil Rodalben-Neuhof.
Gehzeit: 3 Stunden.
Charakter: Schönes Teilstück des Rodalber Felsenweges, nur geringe Steigungen.
Einkehr: Rodalben.
Wegmarkierung: Symbol »F« (Felsenweg).

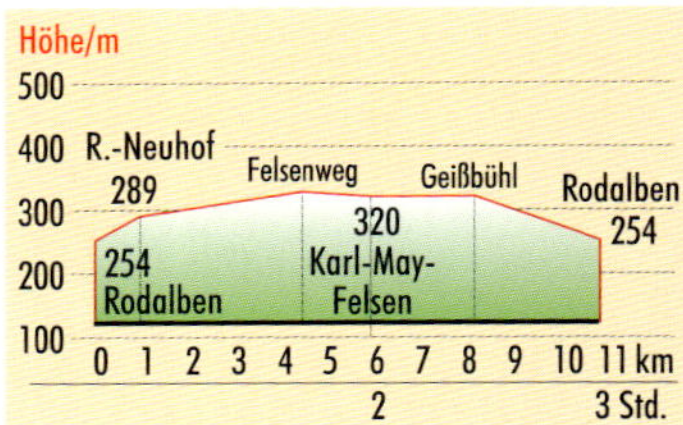

Karte: KOMPASS Nr.766 und 1:25 000 Waldfischbach – Burgalben – Rodalben und örtlicher Plan (► Kastentext Tour 43).

Der Zugang zum Felsenweg führt über die Brücke und ganz durch den Ortsteil Neuhof. Am Waldrand zieht die **Neulandstraße** nach rechts bergan. Wo diese wieder nach rechts abbiegt, beginnt links ein schmaler Pfad, der gleich darauf in den Felsenweg einmündet. Ab hier sind die nummerierten Holzpfosten und das »F« unsere Wegweiser. Es geht zunächst steil bergan, teilweise

Rodalber Felsenweg.

durch dunklen Tannenwald, bald darauf ab Pfosten 63 durch einen schönen Mischwald. Der schmale Waldpfad schlängelt sich nun ohne nennenswerte Steigungen durch interessante Felspartien und erreicht schließlich den **Karl-May-Felsen**. Die Szenerie ist wirklich «filmgerecht», und man könnte sich durchaus vorstellen, dass sich Winnetou und sein Freund Old Shatterhand hier zu einem Schoppen Pfälzerwein verabreden könnten.
Der Weiterweg bietet immer wieder schöne Ausblicke und auch Rastplätze an, darunter auch unter Felsdächern eingerichtete, regensichere Sitzgruppen. Nach Passieren einer mächten, links des Wegs liegenden Felsplatte beim **Geißbühl** verlassen wir den Felsenweg beim Pfosten 72. Wir folgen dem breiten Weg, der im spitzen Winkel nach rechts talwärts führt. Oberhalb der Tennisplätze wenden wir uns nach rechts, wählen dann den ersten links abzweigenden Weg am Ende einer Viehweide und wandern hinab zum Talgrund.
Hier folgen wir dem Fahrweg nach rechts, parallel zur Bahnlinie. Über den Gleisen sehen wir bald die Bahngolfanlage. Weiter geht es zur Brücke und über diese hinweg zurück zum Parkplatz.

Die nahe Stadt Pirmasens, Rodalben, Hauenstein und viele weitere Orte der Umgebung bilden auch heute noch, trotz des drastischen Strukturwandels, das Zentrum der Deutschen Schuhindustrie, im Volksmund auch liebevoll als »Schlabbeflickerland« bekannt. Schnäppchenjäger haben vielerorts Gelegenheit, im Werksverkauf nicht nur Wanderstiefel günstig einzukaufen. Allein im nahen Hauenstein, das sich inzwischen als »größtes Schuhdorf Deutschlands« bezeichnet, stehen eine halbe Millionen Schuhpaare zur Auswahl.

Der Wasserschaupfad im Odenbachtal

Wo Kanonenkugeln in der Erde wachsen

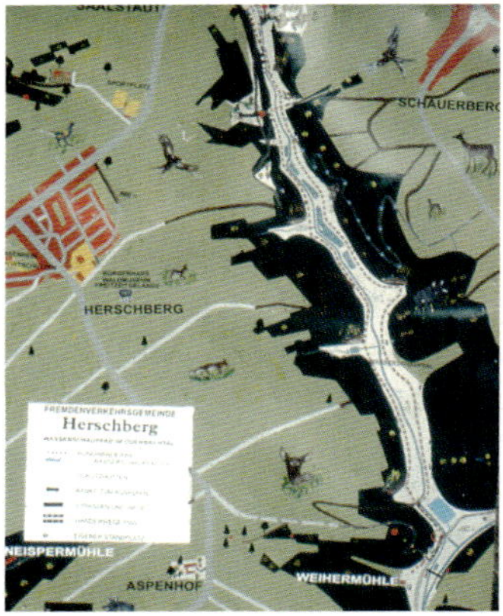

Der Wasserschaupfad im Odenbachtal.

Ausgangspunkt: Parkplatz Weihermühle, etwa 8 km Luftlinie nördlich von Pirmasens, Autobahnausfahrt A62 Thaleischweiler-Fröschen. Schmales beschildertes Zufahrtssträßchen ab der L475, die von Thaleischweiler-Fröschen nach Wallhalben führt. Keine öffentlichen Verkehrsmittel.
Gehzeit: 2 Std.
Charakter: Kühler Spaziergang an heißen Sommertagen, viel Unterhaltung für Kinder am Startpunkt.
Einkehr: Weihermühle.
Wegmarkierungen: »W 1«

Der Wegverlauf des Wasserschaupfades ist schnell erklärt, wenig anstrengend und nicht zu verfehlen. Er beginnt hinter der Weihermühle und gabelt sich nach etwa 10 Minuten Gehzeit. Wir halten uns links und folgen dem Talgrund, vorbei an Weihern, vielerlei Felsformationen und den erwähnten Informationstafeln. Nach ca. 2,5 km ist der Kessel erreicht, und man sollte hier nicht auf die genannte Gehzeit von zwei Stunden achten, wenn Kinder mit von der Partie sind. An schönen Sommertagen wird da gespritzt und ge-

Der Kessel am Wasserschaupfad.

Erholung an der Weihermühle.

plantscht und geduscht, dass es eine Freude ist, dabei zuzusehen oder aktiv mitzumachen. Der Rückweg führt zunächst auf gleicher Spur wie beim Hinweg bis zu einem breiten Weg, wo eine Tafel »Rundweg« weiterweist.

Es geht ganz leicht bergan und später steigungsfrei dem Hang entlang zum **Kuhbrunnen**, der rechts des Weges liegt. Wir folgen noch immer dem breiten Weg, kommen an weiteren Brunnen vorbei und erreichen auf kurzem Serpentinenabstieg die Weihermühle.

Die Fremdenverkehrsgemeinde Herschberg hat mit dem ersten **Wasserschaupfad** in Rheinland Pfalz für alle Spaziergänger und Wanderer eine Naturoase erschlossen, die zuvor nur wenigen Fremden bekannt war. Auf der wenig anstrengenden Rundtour wird auf zahlreichen, gut gestalteten Informationstafeln alles Wissenswerte über das Wasser, seine Kraft und seine Bedeutung für den Menschen dargestellt. Bizarre Sandsteinfelsen säumen den Weg, und man erfährt am »Kugelfelshorizont«, dass hier faustgroße Kugeln vorkommen, die schon der Ritter Franz von Sickingen für seine Kanonen sammeln ließ. Überall entlang des Schaupfades gurgelt, sprudelt und quillt das Wasser. Beim »Kessel«, dem Wendepunkt des Lehrpfads baut sich eine eindrucksvolle Felsszenerie auf, und der Odenbach stürzt als Wasserfall über die Felskante. Kein Wunder, dass sich Kinder hier gerne und lange tummeln und die »Walddusche« auf vielfältige Weise nutzen und genießen. Einige Höhenmeter über dem Kessel bietet eine Schutzhütte einen gemütlichen Rastplatz.

Der Wasserschaupfad, einst ein »Geheimtipp« für einen gelungenen Familienausflug, hat sich längst zu einem beliebten Ziel entwickelt, zumals rund um den Start- und Zielpunkt, die Weihermühle, vielfältige Spiel- und Unterhaltungsmöglichkeiten für Familien geboten werden. Da gibt es den großen Waldspielplatz, die Rundfahrt mit Elektroautos, verschiedene Haustiere und das beliebte Ponyreiten für die Kleinen. Kein Durchgangsverkehr stört die Ruhe, und in den Biergärten der beiden Gaststätten wird für das leibliche Wohl gesorgt.

Der Mühlenweg durch das Wallhalbtal nach Landstuhl

Wo noch ein Hauch von alter Mühlenromantik weht

Ausgangspunkt: Faustermühle, ca. 8 km Luftlinie nördlich von Pirmasens bei Thaleischweiler-Fröschen, am Abzweig von der B 270 in Richtung Bruchmühlbach-Miesau. Bahnhöfe in Thaleischweiler-Fröschen (2 km vom Startpunkt) und Landstuhl. Keine günstige Busverbindung zwischen Start- und Zielort.
Gehzeit: 7 bis 8 Std.
Charakter: Ein »Halbmarathon« (ohne nennenswerte Steigung), wenn man den Mühlenweg an einem Tag schafft.
Einkehr: Kneispermühle, Wallhalben, Landstuhl.

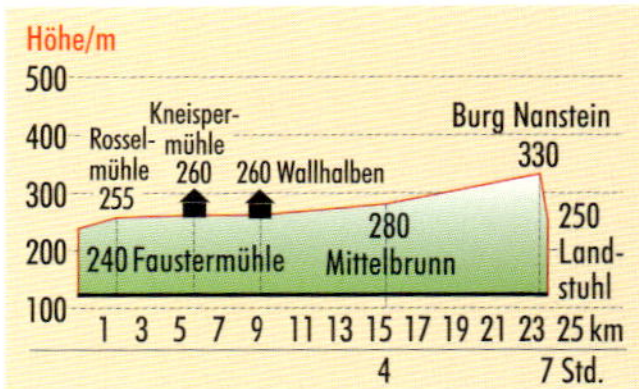

Wegmarkierungen: Symbol Mühlrad und gelb-roter Strich.
Karte: KOMPASS 766; Landstuhl – Wallhalben – Thaleischweiler – Fröschen (1:25000).

Neben der **Faustermühle** wird der »Einstieg« in den Mühlenweg durch eine Tafel angezeigt. Der alpine Begriff des Einstiegs ist eigentlich unzutreffend, denn es geht nur unmerklich bergauf.

Knoppermühle am Mühlenweg.

Schon nach etwa 2 km ist die **Rosselmühle** erreicht, die als lebendiges Mühlenmuseum gilt. Es kann nach Voranmeldung besichtigt werden (Telefon 06334/1228). Nach weiteren 4 km bietet die Waldgaststätte **Kneispermühle** die erste Einkehrmöglichkeit. Der Biergarten unter mächtigen Kastanienbäumen ist ein vielbesuchtes Ausflugsziel (Mittwoch Ruhetag). Vorbei an der **Konradsmühle** kommen wir zur **Würschhäusermühle**, die auch heute noch voll in Betrieb ist.

In **Wallhalben** bietet sich dann die nächste Einkehrmöglichkeit. Hier wechseln wir die Talseite bis zur schön gelegenen **Knoppermühle**, wo wir den Talgrund über eine Brücke queren, um gleich wieder rechts abzubiegen. Der Weiterweg führt zur **Scharrmühle**, und wieder wechseln wir die Talseite. Es muss auf dieser langen Wegstrecke nicht jede Mühle genannt und beschrieben werden, denn bei allen Gebäuden informiert eine Tafel über die Geschichte.

Der Mühlenweg führt an **Mittelbrunn** vorbei, unterquert nach einer knappen Wegstunde die A 62 und erreicht den Stadtrand von Landstuhl. Am Krankenhaus vorbei zieht der Mühlenweg weiter zur **Burg Nanstein** und schließlich hinab zur Stadtmitte und zum Bahnhof **Landstuhl**.

Rosselmühle am Mühlenweg.

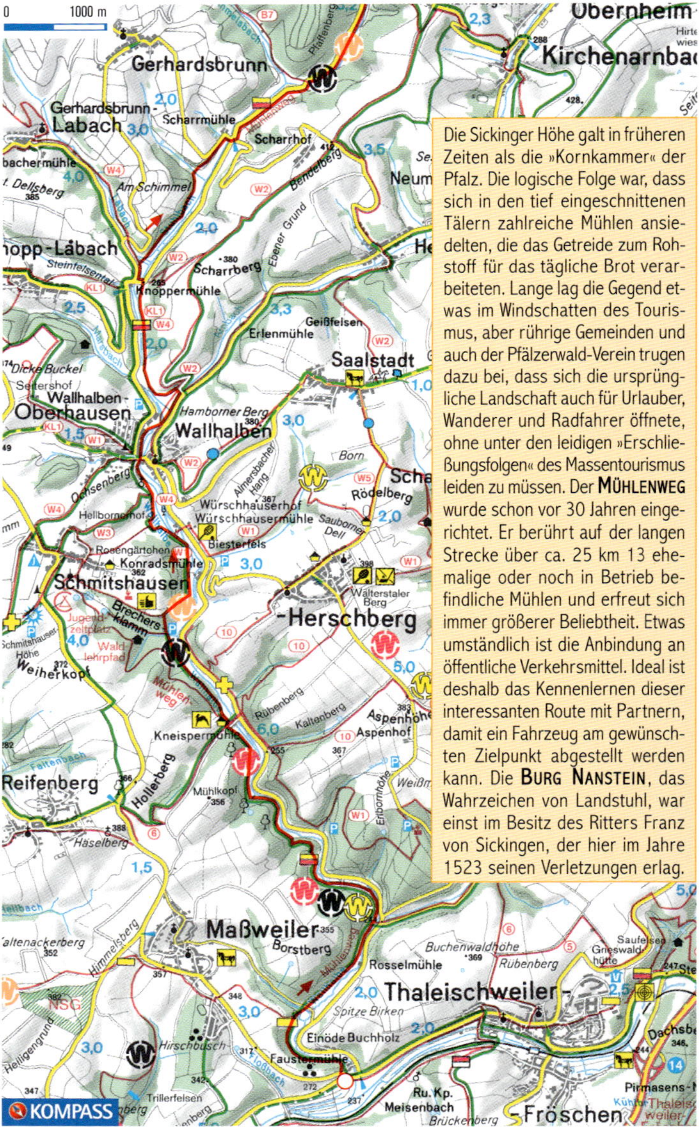

Die Sickinger Höhe galt in früheren Zeiten als die »Kornkammer« der Pfalz. Die logische Folge war, dass sich in den tief eingeschnittenen Tälern zahlreiche Mühlen ansiedelten, die das Getreide zum Rohstoff für das tägliche Brot verarbeiteten. Lange lag die Gegend etwas im Windschatten des Tourismus, aber rührige Gemeinden und auch der Pfälzerwald-Verein trugen dazu bei, dass sich die ursprüngliche Landschaft auch für Urlauber, Wanderer und Radfahrer öffnete, ohne unter den leidigen »Erschließungsfolgen« des Massentourismus leiden zu müssen. Der **Mühlenweg** wurde schon vor 30 Jahren eingerichtet. Er berührt auf der langen Strecke über ca. 25 km 13 ehemalige oder noch in Betrieb befindliche Mühlen und erfreut sich immer größerer Beliebtheit. Etwas umständlich ist die Anbindung an öffentliche Verkehrsmittel. Ideal ist deshalb das Kennenlernen dieser interessanten Route mit Partnern, damit ein Fahrzeug am gewünschten Zielpunkt abgestellt werden kann. Die **Burg Nanstein**, das Wahrzeichen von Landstuhl, war einst im Besitz des Ritters Franz von Sickingen, der hier im Jahre 1523 seinen Verletzungen erlag.

Blick auf Wallhalben.

Der Pfälzer Jakobsweg

Auf den Spuren uralter Pilgerpfade

Seit mehr als 1000 Jahren machen sich Menschen aus ganz Europa auf den vielleicht ältesten und längsten Wanderweg der Menschheit, alle mit dem gleichen Ziel: Das Grab des Apostels Jakobus in Santiago de Compostela im Nordwesten Spaniens. Die Aussicht auf Wiederkehr war im Mittelalter gering, denn überall lauerten Gefahren. Die Motive der Pilger, alle Unsicherheiten einer solchen Pilgerfahrt auf sich zu nehmen, waren verschiedenster Art und reichten von tiefster Frömmigkeit über Abenteuerlust, verordneter Sühne für ein Verbrechen bis zu einfacher Flucht aus der Not und Hoffnung auf ein besseres Leben. Die Pfade der einzelnen Pilger bündelten sich zu drei Hauptwegen durch Frankreich, die sich südlich der Pyrenäen zum eigentlichen Camino vereinigten, der über nochmals fast 800 km zum ersehnten Ziel führt. Jahrhundertelang war der Jakobsweg fast vergessen, in den letzten Jahrzehnten erlebte er eine

Tipp Ausführliche Beschreibung in: **Pfälzer Jakobswege**, Kuntz-Verlag, ISBN 3-933507-03-0

Auf dem langen Weg nach Santiago de Compostela.

Die Jakobsmuschel, Wahrzeichen der Jakobspilger.

neue Belebung in riesigem Ausmaß. Fast unübersehbar sind die Schilderungen, Bildbände und Wegbeschreibungen, die der Buchhandel anbietet. Für alle, die den langen Weg gegangen sind, bleibt er aber eine lebenslang unauslöschliche und tiefe Erinnerung. Es ist nicht leicht, die dünnen Spuren der zahlreichen Pilger zu entdecken, die im Mittelalter durch Deutschland nach Süden zogen. Klöster, Kirchen und Wallfahrtsorte, oftmals aber auch kleine und versteckte Zeugnisse können helfen, die einstigen Wege und Stationen zu rekonstruieren. Der Pfälzerwald-Verein hat sich im Jahre 2000 in Zusammenarbeit mit dem Bistum Speyer daran gemacht, das Wegenetz der Pilgerspuren in seiner Region zu suchen und zu beschildern. Heute führen zwei Routen durch die Pfalz. Sie folgen den Wegmarkierungen des Pfälzerwald-Vereins und sind zusätzlich mit der Jakobsmuschel markiert, dem Wahrzeichen und Symbol für alle Jakobspilger. Auch sind Bestrebungen im Gange, dem Jakobspilger auf dem Weg durch die Pfalz einfache und günstige Übernachtungsmöglichkeiten anzubieten, die dem Charakter der Herbergen in Frankreich und in Spanien entsprechen. In einem Wanderführer mit 50 Wandervorschlägen ist es nicht möglich, den Pfälzer Jakobsweg in Einzelheiten zu beschreiben. (Empfohlene Broschüre mit Wegskizzen und Beschreibungen der einzelnen Etappen ▶ Tipp S. 114). Der Pfälzer Jakobsweg verbindet die Domstadt Speyer in einer Nord- und einer Südroute mit dem Kloster Hornbach. Beide Routen sollen in Kurzform vorgestellt werden:

Fernziel aller Jakobspilger: Die Kathedrale in Santiago de Compostela.

Die Nordroute

Der Weg verläuft in einer Gesamtlänge von ca. 137 km von Speyer durch die Vorderpfalz nach Neustadt an der Weinstraße. Über Lambrecht und durch das Elmsteiner Tal wird beim Johanniskreuz das Zentrum des Pfälzerwaldes und die Wasserscheide zwischen Rhein und Mosel erreicht. Durch das Karlstal und über den Gelterswoog bei Kaiserslautern berührt der Weg die Stadt Landstuhl und führt über Homburg und Zweibrücken zum Kloster Hornbach im Pirminiusland. Für die gesamte Strecke sollten 5 Wandertage eingeplant werden, damit genügend Zeit bleibt, den historischen Quellen nachzugehen.

Die Südroute

Der Weg wendet sich zunächst nach Süden und zieht durch die Vorderpfalz über Germersheim nach Landau. Entlang der Deutschen Weinstraße wird Bad Bergzabern erreicht, dann geht es durch den Wasgau über Erlenbach, Fischbach und Eppenbrunn zum Zielpunkt, dem Kloster Hornbach. Nord- und Südroute sind etwa gleich lang, so dass auch hier wenigstens 5 Wandertage zur Verfügung stehen sollten.

Der Wanderweg »Deutsche Weinstraße«

Die Deutsche Weinstraße beginnt an der deutsch-französischen Grenze am Weintor bei Schweigen-Rechtenbach und endet im Norden bei Bockenheim. Sie wird vom gleichnamigen Wanderweg begleitet. Dieser führt durch berühmte Weinlagen zu heimeligen Winzerdörfern und entlang der Haardt. Überall bemüht sich eine rührige Gastronomie in sternengekrönten Restaurants, aber auch in einfachen und zünftigen Einkehrhütten um den Wanderer. Viele Abschnitte des Weges führen allerdings über befestigte Weinbergwege und durch schattenloses Rebland. So kann der Wanderweg Deutsche Weinstraße ganz schön einheizen und sollte nicht gerade an hochsommerlichen Tage unter die Beine genommen werden. Getreu ihrem Namen verlässt die etwas starre Wegführung nur selten die Weinberge und lässt die sehenswerten Burgen und Schlösser sowie die schattenspendenden Wälder meist »links liegen«. Es empfielt sich deshalb, Abstecher bzw. Varianten zu den lohnenden Zielen einzuplanen. In Stichworten wird am Ende der Wegbeschreibungen kurz auf solche Möglichkeiten verwiesen. Der Wanderweg Deutsche Weinstraße ist durchgehend mit der grünen Weintraube auf weißem Grund markiert. Er führt durch viele Orte und durch eine intensiv genutzte Landschaft. Reblandumlegungen, Straßenbau und andere bauliche Einwirkungen können deshalb immer wieder zu Änderungen im Wegverlauf führen. Der Wanderführer »Pfalz-Süd« beschreibt den Wegverlauf zwischen dem Deutschen Weintor und Gleisweiler. Der Band »Pfalz-Nord« setzt die Beschreibung mit drei Tagesetappen bis Grünstadt fort.

Von Gleisweiler nach Neustadt an der Weinstraße

Ausgangspunkt: Gleisweiler liegt südlich von Neustadt und bietet gute Busverbindungen in Richtung Landau und Neustadt. Wanderparkplatz bei der Friedenseiche. (Die Parkplätze beim Sanatorium sind – zumindest am Wochenende – meist belegt.)
Gehzeit: 5½ Std.
Charakter: Recht anstrengende Tagesetappe auf meist befestigten Wegen.
Einkehr: In allen durchwanderten Orten.
Wegmarkierungen: Grüne Weintraube auf weißem Grund und örtliche Wegweiser.
Karten: KOMPASS 766 und 1:25 000 Neustadt – Maikammer – Edenkoben – Landau.

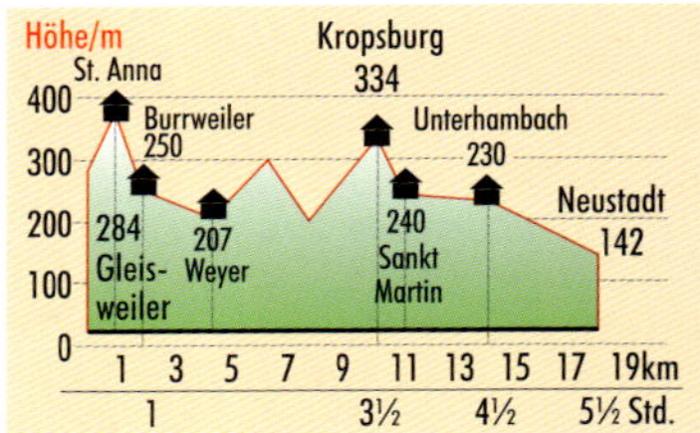

In **Gleisweiler** wandern wir am Sanatorium vorbei und über Bergstraße und Kapellenweg. Dann zeigt ein Wegweiser zum **Weingut St. Anna** den Weiterweg. Vom Weingut aus wandern wir noch 5 Minuten bergan, dann wendet sich der Weinpfad scharf nach rechts (Markierung an Kastanie bei Sitzbank). An Wochenendgrundstücken vorbei geht es steil hinab nach **Burrweiler**. Wir folgen der Dorfstraße bis zur Einmündung in die Deutsche Weinstraße und müssen hier genau auf die Markierung achten. Die Traube findet sich bei der Bushaltestelle (Steinkruzifix). Wir passieren die **Burrweiler Mühle** und kommen nach **Weyer**. In der Ortsmitte beim Gasthof Löwen steigen wir an und finden bei der Weggabelung auf der Höhe den Wegweiser zur Rietburgbahn, der auch uns die Richtung weist und am Schloss Ludwigshöhe vorbei führt. Vom Waldrand aus geht es einige Schritte in Richtung Edenkoben, dann biegen wir bei den Tennisplätzen links ab (Wegweiser zur Siegfriedsschmiede, alte Weinpresse am Edenkobener Weinlehrpfad). Unsere Route quert die Fahrstraße, folgt einem ansteigenden Weinbergweg und zieht

Wanderweg Deutsche Weinstraße.

hinüber zur **Kropsburg**, wo sich eine herrliche Rundsicht auftut. Der Abstieg nach **Sankt Martin** ist gut ausgeschildert. Den malerischen Weinort verlassen wir über die steile Kirchgasse, queren die Kalmitstraße und wandern über den Weinlehrpfad Maikammer hinüber nach **Unterhambach** am Fuße des Hambacher Schlosses. Wir halten uns entlang der Dorfstraße kurz abwärts, dann taucht die Traubenmarkierung wieder auf und weist nach links. Der Wanderweg beschreibt schließlich einen Bogen nach links (Westen), umgeht die Häusergruppe und bringt uns nach **Hambach**, wo sich eine weite Aussicht über das Pfälzer Rebland öffnet. Beim Hambacher Hof halten wir uns links (Wegweiser Waldschlössel) und wandern mit den Markierungen roter Punkt und roter Strich hinab nach **Neustadt an der Weinstraße**.

Variante

In Unterhambach findet sich am Anfang der Käßgasse ein Wegweiser, der den Anstieg zum Hambacher Schloss (▶ Tour 9) markiert. Ab dort folgen wir auf schönem Höhenweg dem roten Strich nach Neustadt. Der Anstieg zum Hambacher Schloss bringt etwa 160 zusätzliche Höhenmeter.

Von Neustadt an der Weinstraße nach Bad Dürkheim

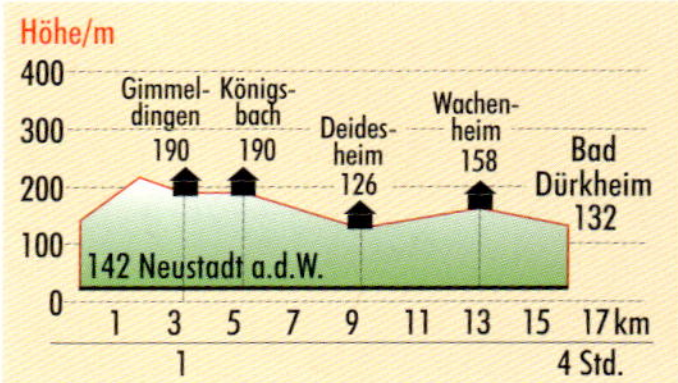

Ausgangspunkt: Neustadt ist der Mittelpunkt der Deutschen Weinstraße und bietet gute Bahn- und Busverbindungen nach allen Richtungen. Parkgelegenheit beim Strohmarkt am Nordrand der Stadt (Wegweiser zum Stadtteil Haardt).
Gehzeit: 4 Std.
Charakter: Schöne Aussichtspunkte, wenig Steigung, meist befestigte Wege.
Einkehr: In allen durchwanderten Orten.
Wegmarkierungen: Grüne Traube auf weißem Grund und zahlreiche örtliche Wegmarkierungen.
Karten: KOMPASS Nr. 766 und 1:25 000 Neustadt – Maikammer – Edenkoben – Landau und Bad Dürkheim mit Umgebung.

Beim **Strohmarkt** am Stadtausgang Neustadt in Richtung Stadtteil Haardt zeigt eine Wandertafel die Richtung an, und man gelangt schnell aus dem Trubel der Stadt hinauf nach **Haardt** und zur **Dr. Welsch-Terrasse**. Das lang gestreckte Straßendorf Haardt schmückt sich aus gutem Grunde mit dem Titel »Sonnenbalkon der Pfalz«. Wir wandern in aussichtsreicher Halbhöhenlage an beneidenswerten Wohnrevieren vorbei nach **Gimmeldingen**, das durch seine Weinlage »Meerspinne« weithin bekannt ist. Jetzt reiht sich Weinort an Weinort. Die Aufzählung der berühmten Lagen würde den Rahmen eines Wanderführers sprengen. In der Ortsmitte hilft die Traubenmarkierung weiter und weist uns den Weg nach **Königsbach**. Über die Erika-Köth-Straße (nach der berühmten Sängerin benannt, die hier ihren Wohnsitz hat), wandern wir weiter zum Hotel **Pfalzblick**, das seinem Namen alle Ehre macht, eine wunderbare Aussicht bietet und zur Rast verlockt. Gleich darauf ist der Wanderparkplatz Mühltal bei **Deidesheim** erreicht. Im »Deidesheimer Paradies« bietet sich we-

Rebland bei Bad Dürkheim.

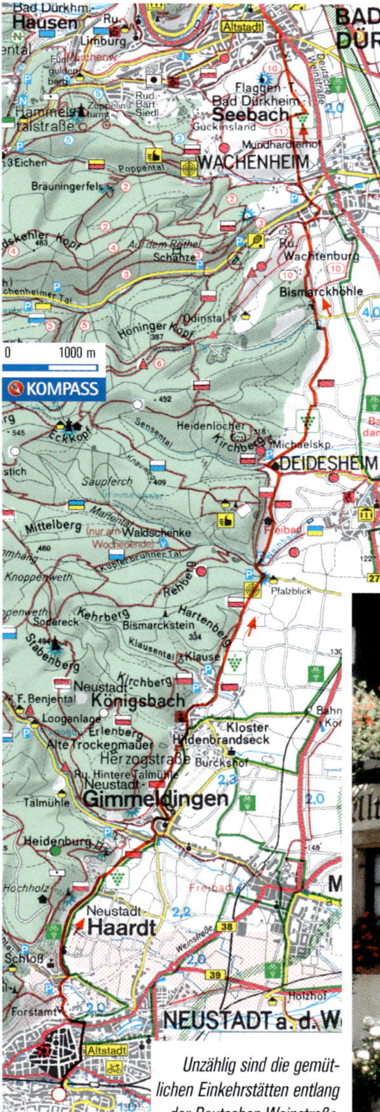

nig später schon wieder ein verlockendes Rastplätzchen an. Unser Weiterweg erreicht bald die Gemarkungsgrenze der Wein- und Sektstadt **Wachenheim**, die den Weinpfadwanderer mit einer großen Informationstafel begrüßt. Am oberen Ortsrand von Wachenheim und unterhalb der Wachtenburg wandern wir weiter; beim »Burgstüberl« halten wir uns rechts. Über den Bornweg und die Mühlwiesenstraße gewinnen wir den Ortsrand, gehen hier geradeaus am Hang entlang und erreichen durch die Rebfelder und nahe der Weinstraße die Stadt **Bad Dürkheim**.

Unzählig sind die gemütlichen Einkehrstätten entlang der Deutschen Weinstraße.

50

Von Bad Dürkheim nach Grünstadt

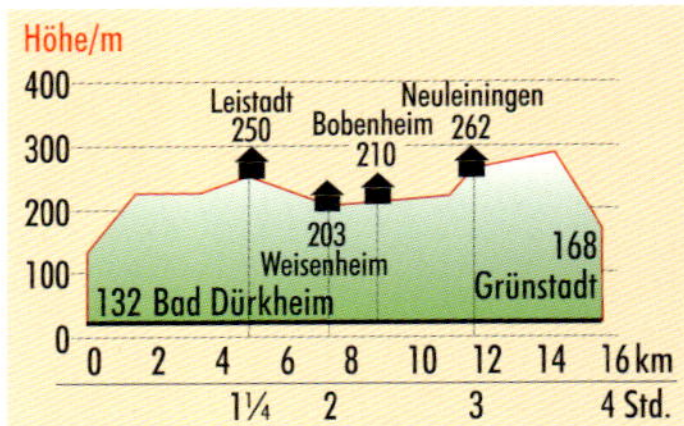

Ausgangspunkt: Bad Dürkheim bietet gute Bahn- und Busverbindungen nach allen Richtungen. Die Rhein-Haardt-Bahn verbindet Bad Dürkheim mit dem Raum Ludwigshafen-Mannheim. Der Wurstmarkt-Festplatz bietet reichlich Parkgelegenheit; die Zufahrt ist innerstädtisch beschildert.
Gehzeit: 4 Std.
Charakter: Schattenlose, befestigte Weinbergwege, nur geringe Steigungen.
Einkehr: In allen durchwanderten Orten.
Wegmarkierungen: Grüne Weintraube auf weißem Grund. Von Leistadt bis Neuleiningen auch roter Strich, ab da auch grüner Strich bis Grünstadt.
Karten: KOMPASS Nr. 766 und 1:25 000 Grünstadt und Leininger Land.

Der Innenhof von Burg Hardenburg bei Bad Dürkheim.

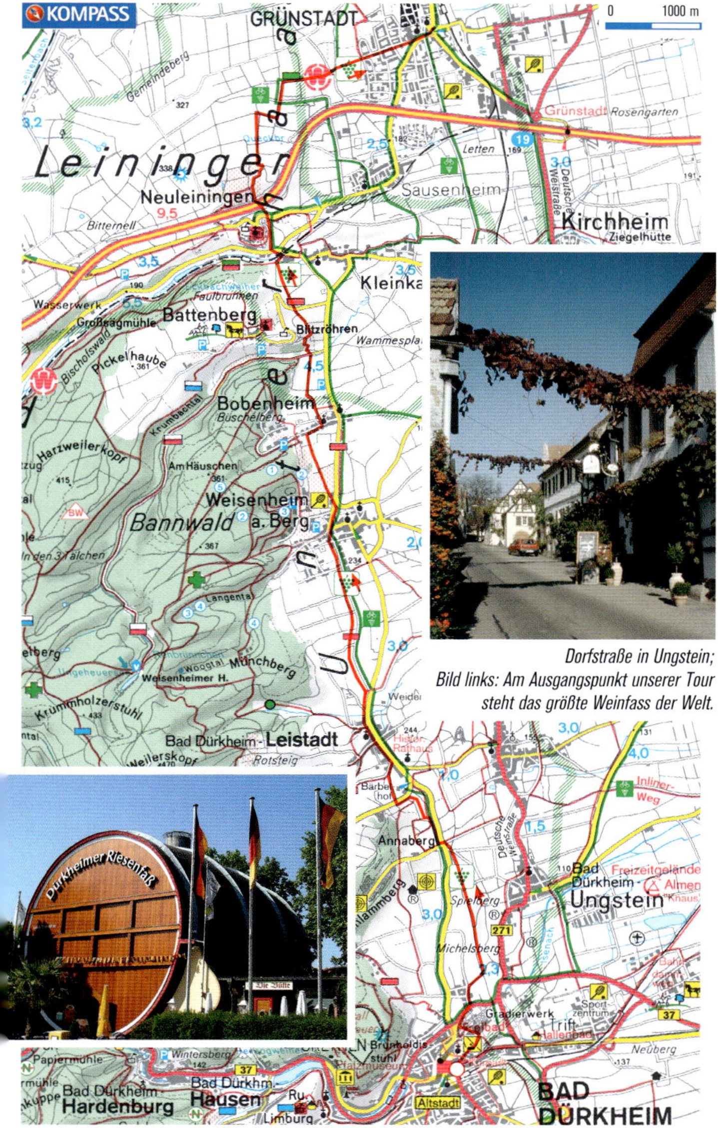

Dorfstraße in Ungstein;
Bild links: Am Ausgangspunkt unserer Tour steht das größte Weinfass der Welt.

Der Wurstmarktbrunnen in Bad Dürkheim.

Am Startpunkt dieser letzten Tagesetappe auf dem Wanderweg Deutsche Weinstraße stehen zwei Superlative: Das größte Weinfass der Welt mit einer – nie genutzten – Kapazität von 1,7 Millionen Liter und der Festplatz des größten Weinfestes der Welt, das seltsamerweise nicht »Dürkheimer Weinfest« sondern »Wurstmarkt« heißt.

Direkt auf diesem Festplatz beginnt unsere Wanderung. Am Anfang der **Sachsenhüttenstraße** entdecken wir die Traubenmarkierung. Unser Weg zieht sanft bergan und führt dicht an der **Michaelskapelle** vorbei, wo sich eine schöne Aussicht über die Kur- und Weinstadt Bad Dürkheim bietet. Etwa 2 km geht es über den flachen, rebenbestandenen Bergrücken. Dann queren wir die Fahrstraße (Wegweiser Gasthof Annaberg), gehen bis zur Mauer vor dem Gasthof (nicht zuvor dem abzweigenden Radweg folgen!) und folgen der Mauer nach rechts. Hier war die Markierung bei der letzten Begehung recht dürftig. Wir umgehen die anstehenden Felsen auf der rechten Seite und kommen zum **Bärbelhof**. Dort wenden wir uns nach rechts und wandern hinab nach **Leistadt**. An der Kirche mit ihrem kecken Dachreiter vorbei durchqueren wir das schmucke Weindorf bis zum Ortsrand, halten uns dort links und wandern über die flache Anhöhe (zusätzliche Mark. roter Strich) nach **Weisenheim**. Auf dem die Straße begleitenden Feldweg wird **Bobenheim** erreicht, das wir über Bergpfad und Jahnstraße verlassen, um zu einem

Flaggenturm, Weinberge.

Parkplatz hinüber zu wandern. An ihm beginnt der schmale Fußpfad, der uns nach **Kleinkarlbach** bringt. Vor uns liegt das Burgdorf **Neuleiningen** mit seiner einmaligen Silhouette.
Wir unterqueren die Autobahn und kommen schließlich zum hoch gelegenen Stadtpark von Grünstadt mit seinen diversen Einkehr- und Erholungseinrichtungen. Mit örtlichen Wegweisern geht es von dort hinab zur Stadtmitte.
Der Weg ließe sich bis Bockenheim an der pfälzischen Landesgrenze fortsetzen, wo das »Haus der Deutschen Weinstraße« Anfang bzw. Ende der Touristikstraße markiert.

Das »Haus der Deutschen Weinstraße« in Bockenheim.